雨仕舞のしくみ

基本と応用

石川 廣三 著

彰国社

まえがき

雨露をしのぐことは建物の根源的な機能です。

家の中をバケツを持って走り回るような雨漏りは論外として、雨水はさまざまなかたちで建物の機能と耐久性に影響を及ぼします。中でも、雨水が小屋裏や壁体の中に浸入・滞留して気付かないうちに建物の寿命を縮める、目に見えない雨漏りは最も始末の悪いものです。建物の外回りではこのほかにも、汚れ、傷み、変形など、雨水の作用に起因するさまざまな不具合が発生します。地球上に建つ建物は、程度の差こそあれ、雨の影響を受けずにはいられません。そして、現実に建物に関して最も多いトラブルが、雨水にまつわるものです。

本書は雨漏りと雨にまつわる建物の不具合を防止するための建築構法の基本—雨仕舞—の手法とその原理について述べています。今日、私たちはゴムやプラスチックを主体とするいろいろな防水材を便利に使うことができます。また、外壁や開口部の素材は常時雨に濡れてもかまわないものが中心になっています。しかし、このような材料が存在しなかった昔から、工匠たちは雨露をしのぐに足る建物を立派に造り上げてきました。そのような建物の、屋根と壁の各所に凝らされた雨水処理の工夫が雨仕舞と呼ばれるものです。

長い年月をかけてはぐくまれてきた雨仕舞の知恵は、雨水の振舞いの本質についての経験的理解に基づいた、建物の形態や部材の配置による防雨の工夫です。その基本原理と有用性は今日でも全く変わることはありません。

最近、地球環境保全の視点から建築物の長寿命化が論じられ、また、建築物の品質確保に対して社会の注目が集まっています。こうした時代にあって、建築物の外装が長期にわたって安定した防雨性能を保ち続けることが、従来にまして求められています。このため、防水材料の物性や施工の信頼性に左右されない、雨仕舞主体の防雨設計の重要性は、今日益々高くなっているといえます。ただ、経験的に蓄積されてきた雨仕舞の知恵は、科学的な説明や工学的なデータの裏付けを伴わないために、ともすれば拡大解釈や誤用を招き、あるいは信憑性の薄いものとしての扱いを受けるきらいがありました。

学生時代に初めての研究テーマとして取り組んだ水切りの実験以来、筆者は三十年余にわたって建築部材の表面と隙間における雨水の挙動について研究を続け、学会に報告してきました。その歩みは遅々たるものでしたが、それでも長い間に、雨仕舞のすべてとまではいきませんが主要なポイントについて、工学的な知見とデータを蓄積することができました。

これらの知見を建築の実務に携わる多くの方々に役立てていただくために、研究報告にとどめず、ぜひともまとまったかたちで、読みやすい本にまとめたいと考えたことが本書を執筆するに至った動機です。

できるだけ大勢の方に活用していただくために、本文の内容は親しみやすく、簡明であることを心掛けました。このため、本文には数式や実験データを極力使わないようにしました。しかし、雨仕舞は雨水の運動の科学です。その原理・原則を正しく理解するためには最低限の公式や科学的説明が必要です。そこでそのような内容で必要と思われるものについては本文の中に解説のページを設けました。

また、原理を理解するだけでなく、実際の現象の解明や設計に応用するには、既往の研究で得られたデータが不可欠です。このため、参考文献で主要な資料を紹介するとともに、本文の記述に関連する最も重要な情報を技術情報として、簡潔な図表とコメントのかたちで収録しました。

とりあえず本文を読んでいただければ、雨仕舞の基本手法とその基礎について大筋の理解とヒントが得られるのではないかと思います。そして、これらの理論的背景をもっとよく理解したい、あるいは雨仕舞の具体的問題について活用したいと考えられる方には解説、技術情報と参考文献が役立つはずです。

最後に、本書が世の中の雨水による建築のトラブルの軽減に少しでも役立つことを願うものです。

二〇〇四年三月

石川廣三

もくじ

カバー・本文デザイン　井上　直
カバーフォト提供　アフロ フォトエージェンシー

1

雨仕舞とは

1-1

雨仕舞と防水の違い

「雨仕舞」を『広辞苑』で引くと、「雨水の浸入や漏るのを防ぐこと。またその施工方法。」と出ています。しかし、これではいわゆる「防水」との違いがはっきりしません。そこで「仕舞」あるいは「仕舞う」の意味を調べてみると、「閉じる」、「なくす」、の他に「片付ける」「始末する」があります。つまり「雨仕舞」を技術用語風に言い換えれば「雨水処理」になると思われます。

同じ雨漏り防止に用いる技術として「雨仕舞」と「防水」はどう違うのでしょう。ここで、この二つの区別をもう少しはっきりさせたいと思います。

雨仕舞は当然ながら直接雨を受ける屋根と外壁特有の言葉です。これに対して防水の適用範囲は特定の部位に限定されません。防水の工法原理は次のように表現できます。

「不透水性の材料の連続面を形成して水を透過させない。」

防水には不透水性材料の膜 membrane を防水層として用いるメンブレン防水と、部材の隙間を不透水性の充填材 sealant で塞ぐシーリング防水があります。防水は本質的に水を溜めることを可能にする工法なので、陸屋根、床、地下外壁、プール、水槽の建設には必須の技術です。しかし、その漏水防止性能はひとえに防水材料の連続性、密着性にかかっており、現場施工の場合には施工管理が鍵を握ることになります。また、防水材料には一般に有機材料を用いるため、その耐用年数は比較的短く、長期間の使用にはメンテナンスの繰返しが欠かせない点が泣きどころです。

これに対して雨仕舞の工法原理は次のように表現できます。

「雨水が濡らす部位部材の形態と配置の選択によって表面や隙間の雨水を適切に処理し、不具合の発生を防ぐ。」

雨仕舞は必ずしも漏水防止だけではなく、雨がかり防止や汚れ対策、濡れに起因する劣化の軽減などを含んだ幅広い概念です。その基本になるのは部位や部材の形態による雨水の制御なので、たとえば外装材の目地からの雨漏り防止が目的であれば、目地の隙間を塞ぐのではなく、隙間自体の形態や寸法を風雨の作用に対して適切なものにすることで雨水を透過させないように考えます。このとき、雨水を隙間の内部に止めて漏らさないことが可能な雨量や風速の限界値は、隙間の幅、長さ、立上りなどの寸法、傾斜や屈曲などの形態から決まってきます。

すなわち、防水がいかなる風雨の条件に対しても雨漏りさせない技術であるのに対し、雨仕舞を主体とする防雨納まりが有効性を発揮する風雨の負荷には限界があります。

また、雨がかりの部位や部材の形態は当然建物のファサードを特徴づける要素となりますが、雨水処理に有効で合理的な形態は、必ずしも設計者が望ましいと考える意匠と一致しないことも雨仕舞の弱みです。

一方、雨仕舞の手法は現場における造膜や接着など、品質管理が難しい技術に依存しないので、その性能がすべて施工次第ということがなく、それだけ確実で信頼性が高いといえます。また、部材の寸法と位置が変化しない限り、同じ性能が維持されるため、十分耐久性のある材料で構成すれば、長期間の使用に対して最小限のメンテナンスですますことができます。この二点は雨仕舞の優れた側面です。建築物の品質確保、長寿命化の実現がより強く求められる今後、このような特長をもつ雨仕舞手法の有用性は益々大きいといえます。

1-2 雨漏りはなぜ繰り返されるか？

雨漏りは建築の永遠の課題です。人間が洞穴から外に出て、地上に住居を造り始めてから数千年間たち、科学技術が高度に発達した現在でも、建物の雨漏りは起こり続けています。

建築家や建築技術者はだれでも、最初から雨が漏る建物を造ろうとは考えていません。それでもなおかつ雨漏りが起きるのはなぜなのでしょう。多分、それは突きつめていくと次の二つの見込み違いにたどり着くはずです。

(1) 雨水が考えていなかったような動きをした。

(2)止水性を期待していた箇所に予測していなかった欠陥が生じた。

(1)の見込み違いは、こんなところまで雨で濡れるとは思わなかった、こんな流れ方は考えていなかった、こんな量になるはずではなかったというものです。回るはずがないと思い込んでいたところに水が流れて来たり、あるいは水の存在は予期していたものの、その量が予想をはるかに上回るものだったりすれば、雨漏りにつながることは当然です。どのようにして見込み違いが起きてしまうのか、例を挙げてみましょう。

壁面や屋根面の水は上から下に流れることは確かですが、つねに平均に広がって真直ぐ下方に流れるわけではありません。どちらかといえば、筋状に集まり、不規則に蛇行しながら流れる場合が多いのです。

部材の表面を流れる水は、部材面の角度が変化しても濡れの力によって表面から離れずに進行し続ける傾向があります。その結果、隅角部での回込みや斜面の這い上りなどの意外な動きが起きます。

目地や重ねに入り込んだ水はつねに連続して隙間を満たしているとは限りません。建物の外面には限られた量の雨水と風が同時に作用します。このため水膜を破って空気が入り込み、水の中に気泡が混入したり、気流に水膜が引きずられて移動する状態が起きます。このような流れはしぶきの発生を伴うので、その飛散によって濡れ範囲は飛躍的に拡大します。

屋根や壁に降る雨も、つねに一様に分布するわけではありません。屋根や壁面の形状、壁面と取り合う屋根面の形状、樋から出る水の処理などによって局部的な雨水の集中が起きます。屋根の谷部、内樋で落ち葉やゴミが排水口を詰まらせることを予測してオーバーフローの対策を講じておくのは雨仕舞の常道です。

(2)のほうの見込み違いはもっと深刻です。水に対して万全と思っていた納まりがそうでなかったというのでは、手の打ちようがありません。この間違いの一つは、施工の時点で起きます。

雨仕舞や防水の納まりは一般には標準的な断面詳細図で検討されます。しかし、断面図はあくまでも一箇所における部材の位置関係を示すに過ぎません。実際にはその納まり部は、図面と垂直な方向につながっています。そして必ず端部では他の部材面との取合いが起きます。不連続な下地を持つ納まりでは、切断位置によって部材の位置関係は必ずしも同一ではありません。途中に部材の継ぎ手が必要な場合もあります。水に対する納まりの検討を万全にするということは、これらのすべての位置について浸水経路としての特性を把握し、適正な対応を考えることです。この点をおろそかにして必要な施工詳細図を作成せず、加えて工事監理で見落としが起きるとき、「予測しなかった欠陥」が建物に仕込まれることになります。

もう一つの間違いは、建物の状態を施工直後の時点でしか考えず、時間がたったらどうなるかということを忘れることです。建物外回りの材料は直接外気の劣化作用を受けるとともに、構造体や下地の挙動に伴って繰返し応力の作用を受けます。建物は長く使うものですから、長期間のうちにはさまざまな変化が起こります。施工してから一定期間経過した後のモルタルのひび割れ、ワーキングジョイント（目地幅の動きを伴う接合部）に用いられたシーリング材の破断や剥離の発生が不可避であることは常識といってよいでしょう。納まり部は複数の部材から構成されるので、ひび割れや破断に至らなくても、部材寸法の変化や変形によって水処理性能が大きく変化する場合もあります。

外装材のカタログで、防水性が優れていることを試験結果で示したものがあります。もし、その製品の防水性が基本的にシールや防水性塗膜に依存したものであるなら、その情報はほとんど意味がありません。なぜならば、製品の試験は、実験室で入念に施工された試験体を用い、施工直後に行われることが通常だからです。このような情報を鵜呑みにして防水性を期待することは賭けに近いことです。

無限の寿命をもつ材料や絶対不変の材料はありません。長年の間に納まり部の状態に何らかの変化が生ずることは避けがたいことです。十分な使用実績をもつ材料では、これらの変化の内容や程度はある程度予測することができます。その変化が起きた時点で雨水処理の必要条件がどのようなものになるかを考え、設計と施工の時点で対策を講じておくことこそ、本当に雨漏り防止に取り組む心構えといえます。

不測の雨漏りに結びつく二つの見込み違いを避ける方策とは、結局、雨の降り方をよくわきまえ、水の動き方を的確に理解し、水処理手法の効用と限界を正しく認識することに尽きます。本書の2章以降はすべてこの目的のために書かれたものです。

2

雨の降り方を知る

2-1

雨を知るということ

建築の不具合の多くが雨水と何らかの関わりをもっています。雨漏りは言うに及ばず、浸透した雨水で長期間湿潤した木部の腐朽や虫害、鋼材の錆、吸収した雨水の凍結・融解の繰返しによる外装材の凍害、濡れと乾燥の繰返しによる伸縮変形、剥離、シール切れ、建物表面の不規則な雨水の流れがもたらす汚れ、材料中の浸透雨水によるエフロレッセンス、コケやカビの発生など数えあげればきりがありません。

建物の外装にとって、雨水は最も敬遠したい相手といえそうですが、一方、自然界全体を見渡せば雨ほど大切なものはありません。考えてみると、もともと地上の万物を潤して降り注ぐ雨に対して、人間が雨露をしのぐと称して勝手に建物を造るわけですから、雨にとってみれば屋根や壁は邪魔者以外の何者でもありません。

雨仕舞の出発点は、このように謙虚な視点から建築と雨の関係を考えることにあるのではないでしょうか。雨と正面きって対決するのではなく、雨風の作用に対して、まずは濡れる面と程度を極力少なくすることを考え、濡れた後はできるだけ速やかに退散してもらう発想でのぞむということです。

本書はいわば「雨と賢くつき合うための十章」です。どうしてもつき合わなければならないのであれば、相手をよく知るにこしたことはありません。大切なことは、材料や納まり部に対する雨水の作用に関して、意味のある降雨の特性を正しく知ることです。

2-2 降雨の地域性と建築

まず、図2・1を見てください。これは日本と、同じ島国である英国の、そ

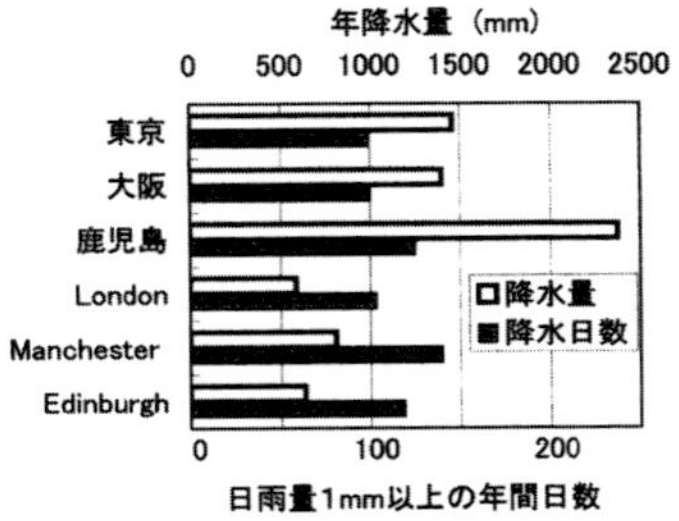

図2・1 年間降水量と降水日数の平年値

れぞれ代表的な都市の年間降水量と降雨日数（降雨量1mm以上）を比較したものです。降水量には雪も含まれますが、これらの都市ではほとんどが雨と考えてよいでしょう。年間雨量は日本の都市のほうが2倍近くありますが、降雨日数は英国の都市のほうが若干多くなっています。このことは、日本に比べて英国では一雨あたりの雨量が少ないことを意味します。

筆者が若いころ、留学のため1年間だけ英国のシェフィールドSheffieldという都市で暮らしたことがあります。当時の記憶でも、大雨はめったに降らない代わりに夏の数か月を除いては天気の変わり目が速く、暖かく晴れていたかと思うと急に冷え込んできて雨が降り出すことも珍しくなかったのを覚えています。「イングランドでは一日のうちに四季がある」というのが天気の話題が好きな英国人からよく聞かされたジョークの一つです。冬になると、緯度の高い英国では午後早くから暗くなり、来る日も来る日もみぞれ混じりの雨が降ったのが印象的でした。

表2・1はこのときに入手した同市内のウエストンパーク測候所の観測記録から、1年間の毎月の雨量別降雨日数と月雨量を拾い出したものです。この表

表2・1　雨の降り方の地域差

年	月	Sheffield（英国）				横浜			
		降水日数			月降水量	降水日数			月降水量
		≧0.1mm	≧1.0mm	≧10mm	(mm)	≧0.1mm	≧1.0mm	≧10mm	(mm)
1982	11	26	20	4	118	10	9	3	103
	12	20	11	3	79	4	4	1	35
1983	1	24	18	2	99	5	5	2	51
	2	12	8	0	40	5	3	2	73
	3	22	15	1	66	14	12	5	153
	4	21	13	3	121	12	12	7	146
	5	27	20	2	127	11	9	4	135
	6	9	4	0	8	15	14	6	221
	7	11	7	1	44	14	11	4	166
	8	8	5	0	31	9	9	4	291
	9	18	11	4	120	19	18	11	326
	10	21	11	1	67	11	9	5	150
年合計		219	143	21	919	129	115	54	1848

には比較のために、同じ期間の横浜のデータを調べて示してあります。

シェフィールドは北イングランドの内陸部に位置していますが、雨量は冬に多い裏日本型で、横浜とは逆です。降雨日数の合計値を見て気付くのは、日雨量が0.1㎜以上の日数はシェフィールドのほうが横浜より断然多いのに、日雨量が10㎜以上の日数では逆転していることです。図2・2は両都市の月雨量を雨量0.1㎜以上の降雨日数で除した値のグラフですが、横浜はシェフィールドに比べて2～3倍の値を示し、雨の降り方の違いをはっきり示しています。つまり、英国では雨の頻度は倍近く多いのですが、一雨あたりの雨量は少なく、日本では量が多いわりに間が空くということです。

このような雨の降り方の違いは、屋根層、壁内、あるいはその材料内部の雨水の動きに関してどのような意味をもつのでしょうか?

まず、理解しておきたいのは、材料が水を吸収する速さ（単位時間あたり吸収量）には、内部の細孔構造と、それまでに吸収した水量に応じて定まる一定の限度があり、また、最大限含み得る水量にも限度があるということです。これらの限度を上回ってどんなに多くの雨水が材料の表面を濡らしても、吸収量

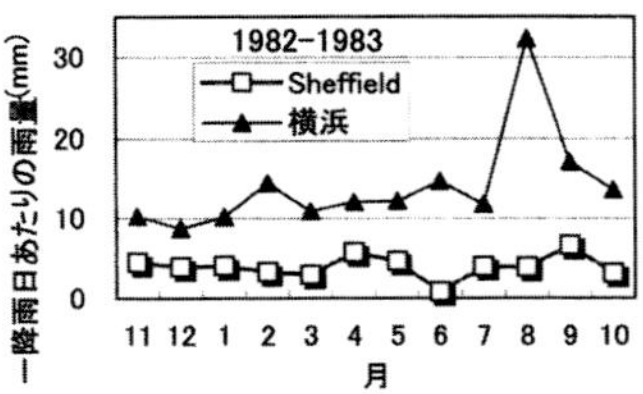

図2・2　一雨あたりの雨量の比較

に変わりはありません。[1] 材料の吸水速度は案外遅いものです。たとえば、コンクリートは全乾に近い状態ではかなり速く水を吸い込みますが、ある程度吸水が進行した段階での吸水速度が1時間あたり500ml/m²を上回るようなことはめったにありません。[2][3] 章末技術情報2・1

この量は雨量にして0.5㎜ですから、日本で並雨とされる時間雨量3~10㎜(表2・2参照)を受けても、そのごく一部しか吸われず、残りは表面を流れ落ちることになります。一方、英国でよく降るような日雨量1㎜以下というような雨は、ほぼ全量が吸収され、吸収量は降雨時間や降雨頻度に比例することになります。

シェフィールドの冬のように、ほとんど毎日雨が降る条件では、雨に曝露される材料は継続的に高い含水状態に保たれるので、建物の外装には耐湿性の大きい材料を用いるか、耐湿性の小さい材料であれば湿気から保護する工法が必要になります。一方横浜のデータに代表される日本の雨のように、一雨の量は多くても間隔が開く場合は、材料の吸収量はさほど変わらず、この水分は雨の合間に乾燥することができるので、木材や土壁のように長期の耐湿性に欠ける

表2・2 雨の強さと日常体験

降雨強度(mm/hr)	強さの表現*	形容例	状況
0.5~1未満	*小雨*	霧雨	注意して雨に気付く
3未満	*弱い雨*	しとしとと降る	水たまりはできない
3~10	並雨	―	雨音が聞こえる
10~20	*やや強い雨*	ザーザーと降る	足元が跳ね返りで濡れる。地面一面に水たまりができる
20~30	*強い雨*	土砂降り	傘をさしても濡れる。ワイパーを速くしても見づらい。
30~50	*激しい雨*	バケツをひっくり返したように降る	道路が川のようになる。高速走行時、ハイドロプレーニング現象発生
50~80	*非常に激しい雨*	滝のように降る	傘は役に立たない。水しぶきで視界が効かず、運転は危険。
80以上	*猛烈な雨*	息苦しいほどの圧迫感	

(*)斜体は気象予報用語

(気象庁で発表している雨の強さの目安 文献[4]を参考に作成したもの)

材料でも、水はけさえ注意すれば露出状態で外部に使うことができます。ただし、建物の外皮の構造は多量の雨水を内部に呼び込まないように配慮し、万一内部に浸水した場合にも速やかに乾燥できるものとすることが必要です。

こうしてみると、英国で外装にレンガが多用され、木製窓やドアの延命には毎年のようにペイントを塗り替える必要があるのに対して、日本では特に塗装を施さなくても外回りの板張りや建具の木材が腐ることはなく、桟瓦葺きや下見板張りなど、多量の流下水に対する水処理が可能で、かつ内部が乾燥しやすい外装構法が用いられてきたことが納得されます。

2-3 雨量と降雨強度

雨量の単位にミリメートル（㎜）を用いることから分かるように、雨量はある期間に特定の面上に降った雨がその場に溜まった水の深さで表します。雨量には1時間雨量、日雨量のように測定した時間の長さを付けます。雨量は水の深さですから、面積には関係ない値ですが、それが集まったときの水量を知るのには降雨面積が必要です。図2・3に示すように、雨量と面積水量の間には、1mm=1l/m²という覚えやすい対応があります。

雨の強さはつねに変化しているので、瞬間的な雨の強さを表現するのに降雨強度を用います。降雨強度は単位時間あたりの雨量で、mm/min、mm/hrのように表します。mm/hr 単位の降雨強度と1時間雨量は一見同じもののようですが、雨量が特定の1時間の総量を示すのに対して、降雨強度は刻々変化していく雨の強さの、ある時点の値を指しています。これはちょうど車を運転するときに、1時間でどれだけ走ったか（平均速度）と、その間にどのくらいスピードを出したか（瞬間時速）の関係にあたります。

地物の保水量が関係する洪水、崖崩れなどの災害や、多孔質材料で構成された壁体の湿潤のような現象に関しては総量としての雨量が重要ですが、水切り、水返しの良否、樋の溢れなどの現象を左右するのは、ごく短時間にもたらされる雨水の量であるため、雨仕舞では主として降雨強度の大きさが問題といえま

図2・3　雨量と面積あたり水量の関係

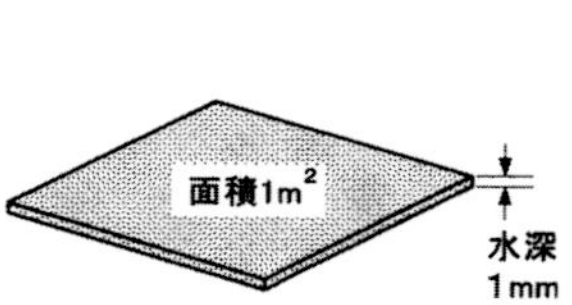

体積V＝面積A×深さd

A＝1m²＝10000cm²，d＝1mm＝0.1cm

V＝10000×0.1＝1000cm³＝1l（リットル）

す。一口に毎時何mmの強さの雨といっても、感覚的につかみにくいものです。これについては、雨の強さを解説した表2・2[4]が参考になるでしょう。

表2・3[5]はこれまで日本各地で観測された、日降水量、時間降水量、10分間降水量の極値です。極値はほとんど無降雪期に生じています。表2・2と見

表2・3　降雨量の最大記録［5］

地点	1日	1時間	10分間
稚内	156	64	21
留萌	148	58	16
旭川	184	57	20
網走	163	37	23
札幌	207	50	19
帯広	174	57	26
釧路	182	56	22
根室	212	53	18
寿都	206	58	16
浦河	190	44	20
函館	176	63	21
青森	188	58	18
秋田	187	72	27
盛岡	190	63	22
宮古	285	64	23
酒田	168	78	24
山形	218	75	29
仙台	329	94	30
福島	170	71	27
小名浜	227	62	20
輪島	219	74	25
相川	185	80	25
新潟	265	97	24
金沢	234	77	29
富山	208	75	33
長野	115	63	27
高野	176	64	24
宇都宮	219	101	36
福井	201	56	20
高山	266	52	25
松本	156	59	24
軽井沢	319	69	39
前橋	357	115	31
熊谷	302	89	36
水戸	277	82	36
敦賀	211	58	23
岐阜	260	100	29
名古屋	240	92	29
飯田	325	80	22
甲府	245	73	23

地点	1日	1時間	10分間
銚子	311	140	31
津	288	118	30
浜松	344	88	32
静岡	298	95	26
東京	393	89	35
尾鷲	806	139	36
横浜	287	92	39
大島	340	85	21
八丈島	439	130	33
西郷	236	93	26
松江	264	78	26
鳥取	188	68	24
浜田	395	91	27
京都	289	88	26
彦根	597	63	27
下関	337	77	23
広島	340	79	26
岡山	177	74	27
神戸	319	88	28
大阪	251	78	25
和歌山	296	99	35
潮岬	421	145	38
奈良	182	75	25
厳原	393	112	29
福岡	270	97	24
佐賀	367	102	27
大分	444	82	29
長崎	448	128	36
熊本	481	77	27
鹿児島	324	105	33
宮崎	587	140	30
福江	326	114	29
松山	215	61	22
高松	192	69	23
高知	629	130	29
徳島	472	87	32
清水	421	150	49
室戸岬	446	124	38
名瀬	547	116	28
那覇	469	103	30

（統計開始年は地点、値により異なるが、数例を除いて1940年以前。原典は発生日も示す。）

比べると、これらの雨がどれほど激しいものであるかがよく分かります。同一地点の各降水量を比べてみて分かるとおり、１時間降水量は10分間降水量の６倍よりは少なく、日降水量は１時間降水量の24倍にはなっていません。つまり、対象とする時間が短いほど時間あたり雨量（平均の降雨強度）は大きくなっています。このことは設計条件として雨量を考えるときの非常に重要なポイントです。

水文気象学と呼ばれる分野の研究によると、一定時間D内に起こり得る降雨量の最大値 R_D について、

$$R_D = a \cdot D^n \quad \text{……式２・１}$$

の関係があり、nは大略0.5であるとされています。[6]（aは対象とする地域によって異なる常数）試みに、表２・３の中からいくつかの地点を選び、降雨時間と対応する降雨量極値の関係を両対数グラフ上に図示したものが図２・４です。両対数グラフで直線になるのは式２・１における R_DとD のような関係で、直線の傾きがnを示します。図から各地点の極値について式２・１の関係があてはまり、nはおおよそ0.4〜0.6の範囲であることが読みとれます。

図２・４　降雨時間と雨量極値の関係

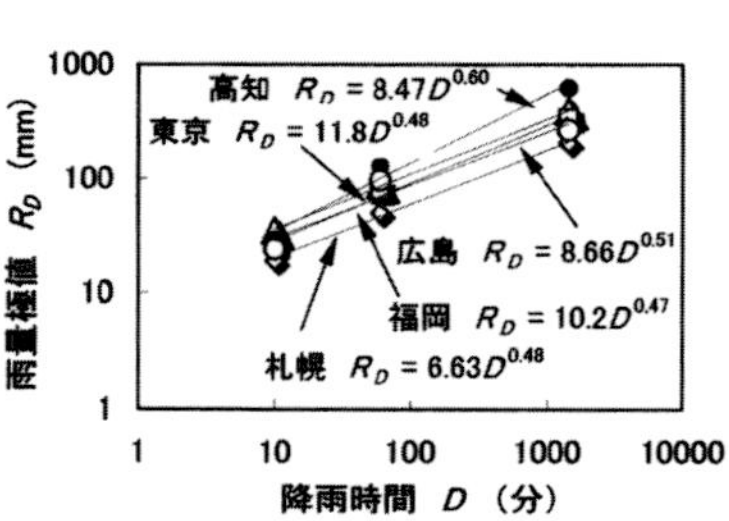

この法則性を利用して、統計資料に示されていない短時間の最大降雨強度を推定することができます。たとえば、1時間雨量の極値 R_{60m}、10分間雨量の極値 R_{10m} が分かっている場合に、1分間の最大降雨強度 I_{1m} を推定するにはそれぞれの平均降雨強度 I_{60m}、I_{10m} の約8倍または3倍とすればおよその見当がつけられます。P31解説2・1

2-4 driving rain

風に運ばれて斜めに降る雨を、英語で driving rain といいます。訳せば「吹き降り雨」といったところでしょうか。雨が常に真直ぐ下に降るなら濡れるのは屋根だけですが、そうとは限りません。壁の雨仕舞を考えるとき、まず driving rain について知る必要があります。

風が強いほど雨足が傾きを強めることは当然ですが、その傾斜度と風速の関

解説 2・1 短時間の降雨強度の推定

式2・1において $n=0.5$ と仮定し、ある地点の60分間、10分間、1分間のそれぞれの雨量極値を次のように表せるものとする。

$R_{60m}=a\sqrt{60}$ ， $R_{10m}=a\sqrt{10}$ ， $R_{1m}=a\sqrt{1}$

したがって、それぞれの平均降雨強度は、

$I_{60m}=\dfrac{a\sqrt{60}}{60}$ ， $I_{10m}=\dfrac{a\sqrt{10}}{10}$ ， $I_{1m}=\dfrac{a\sqrt{1}}{1}$

1分間降雨強度の60分間、10分間平均降雨強度に対する比は、それぞれ、

$\dfrac{I_{1m}}{I_{60m}}=\dfrac{60\sqrt{1}}{1\sqrt{60}}=\sqrt{60}\fallingdotseq 8$

$\dfrac{I_{1m}}{I_{10m}}=\dfrac{10\sqrt{1}}{1\sqrt{10}}=\sqrt{10}\fallingdotseq 3$

係はどのようなものでしょうか？　風の中の雨滴は図２・５に示すように、風速 U_w と雨滴の落下速度 U_r の合成方向に落下します。物体の落下は等加速度運動ですが、雨滴は表面に働く空気抵抗のため、どんな雨滴でも20 mほど落下すると一定速度に達し、それ以降は等速で落下するようになります。この速度は落下終速度と呼ばれていますが、細かい粒ほど遅く、大粒になるにつれて速くなります。[7]　図２・６は実験室で測定された空気中の水滴の落下終速度と粒の大きさの関係を示しています。

　雨は雲の中でできますが、地上まで降る間に合体や分裂を起こすため、一雨の中でも雨滴寸法は一様ではなく、さまざまな大きさの粒が混ざって雨を構成しています。図２・７は雨滴寸法の分布を調べた研究の一例です。雨滴の直径は0.2 mmから６ mm程度までですが、雨の強さによって中心となる雨滴寸法が異なり、雨の強さが増すほど大粒になることが分かります。[8]

　一雨の中に色々な大きさの粒があり、それぞれがまちまちな速度で落下しているということは、driving rain はさまざまな傾斜角で斜めに落ちる雨滴の集まりということになります。図２・８は浮世絵に描かれた雨の風景ですが、交差

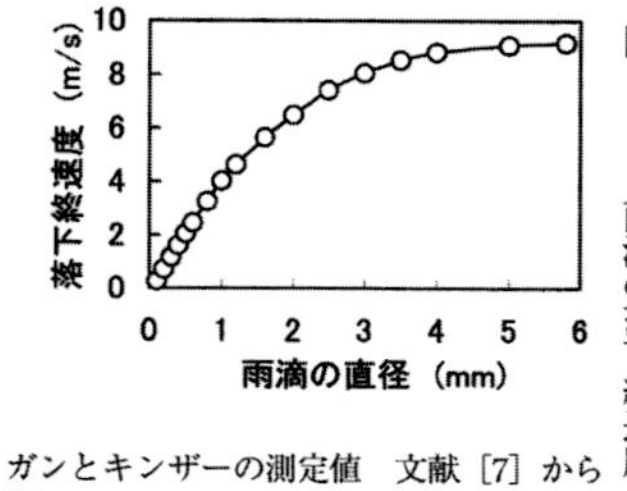

図２・６　雨滴の落下終速度

ガンとキンザーの測定値　文献［7］から作図

図２・５　風の中の雨滴の動き

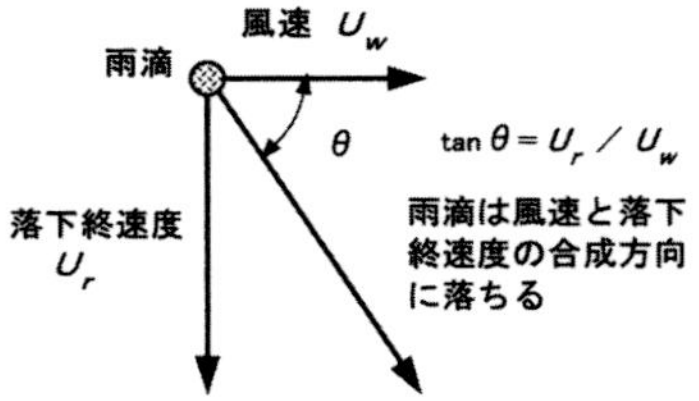

する雨の線は降雨の特性を鮮やかにとらえた画家の感性を物語ります。

ここで、driving rain の中の水平面雨量、斜面雨量、垂直面雨量の関係式を示しておきます。ただし、話を簡単にするため、ここでは雨滴がすべて一様な傾きで降ると仮定します。

図2・9に示すように雨が水平面に対する鉛直角θ、斜面または垂直面の向きに対する水平角δをなして降っているとき、水平面雨量 R_h、勾配αの斜面雨量 R_{s1}（斜面に降った雨が鉛直下方に溜まった雨量）、斜面雨量 R_{s2}（斜面の面積に対応する雨量）、垂直面雨量 R_v の関係は、それぞれ式2・2、式2・

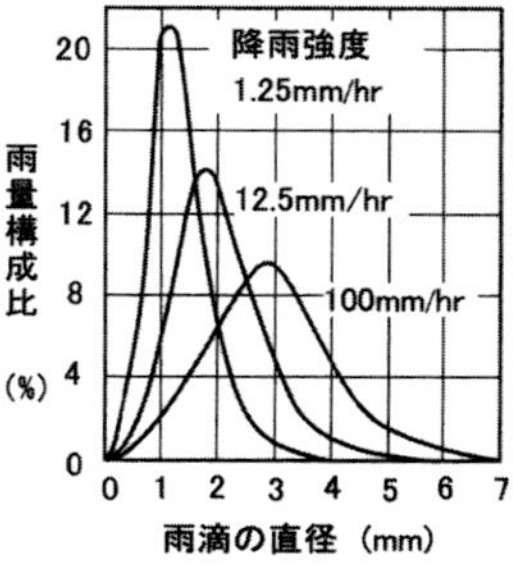

図2・7　雨滴の寸法雨量構成比 [8]

図2・8　浮世絵に描かれた雨（歌川広重「大橋あたけの夕立」）

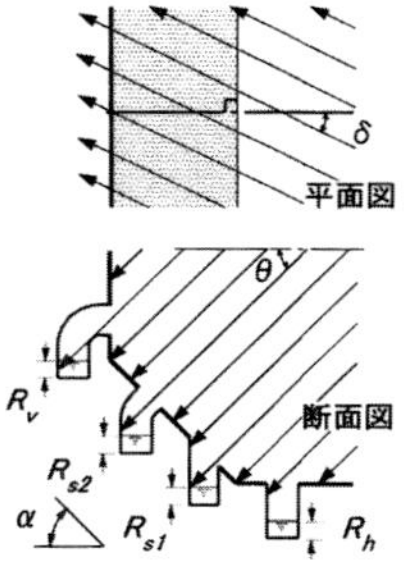

図2・9　斜面・垂直面雨量

式2・2

$$R_{s1}=R_h\times\left[1+\frac{\tan\alpha}{\tan\theta}\cos\delta\right]$$

式2・3

$$R_{s2}=R_h\times\left[\cos\alpha+\frac{\sin\alpha}{\tan\theta}\cos\delta\right]$$

式2・4

$$R_v=R_h\times\left[\frac{\cos\delta}{\tan\theta}\right]$$

3、式2・4のように表されます。[9]

ただし、ここで考える斜面、垂直面は、雨滴が自由に落下運動する空間の中に仮想的に設定した面であり、2章6節でも述べているように、建物の表面、特に壁面上では気流の影響によって雨量に大幅な違いが起こることに注意してください。

2-5 屋根面に当たる雨

空中を一様な傾きで落下する雨滴が、そのまま屋根面に到達すると仮定すると（この仮定が必ずしも正しくないのは前記のとおりですが、屋根面が受ける最大雨量を問題にするような場合は、風がさほど強くない降雨条件が中心となるため、このような単純な仮定で十分です）、屋根面の実面積に対応する雨量R_r（mm）は式2・3にならい、式2・5で与えられます。

式2・5

$$R_r = R_h \times \left[\cos\alpha + \frac{\sin\alpha}{\tan\theta} \cos\delta \right]$$

ここで、R_h：水平面雨量（mm）
α：屋根勾配（°）
θ：降雨の傾斜角（水平面に対する角度（°）
δ：降雨の方位角と屋根面の方位角の差（°）

この式で、α、θが0～90度、δが0～180度の範囲の値をとるものとすると、計算上 R_r は負の値になり得ます。これは理論上屋根面に雨が当たらないことです。たとえば強い傾きで雨が降っているときの風下側になる急勾配の屋根面のケースが該当しますが、棟から吹き飛ばされる雨水が風下の屋根面を濡らすので、実際に降雨時に濡れない屋根面の存在は考えにくいでしょう。

式2・5でδ＝0度のとき（雨が屋根の正面から降るとき）、R_r が極大となることは明らかです。この時の R_r と R_h の比を、各種のα、θについて計算したものが図2・10です。θが小さいほど（降雨の横なぐりの度合いが強いほど）、また、屋根勾配が急なほど屋根面雨量比が大きくなることが分かります。

軒先の水切りや樋で処理する対象となる、軒先流量 Q_f（l／m・分）の最大値は、式2・6で計算します。

I_r の値は式2・5式で計算される屋根面雨量の最大値に基づいて決めることになりますが、2章7節「風雨の同時性」で述べているように、降雨強度の最大値をもたらすような強い雨のときほど強風の吹く確率は低いので、あまり小さなθを想定する必要はないと考えられます。

式2・6

$$Q_f = I_r \times f$$

ここで、Q_f：軒先流量（l/m・分）
I_r：屋根面における最大降雨強度（mm/分）
f：屋根の流れ長さ（m）

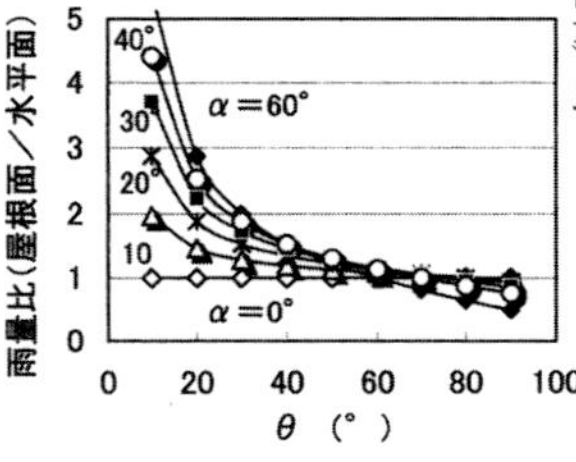

図2・10（屋根面雨量／水平面雨量）比

図2・10でθが45度以上、かつ、通常多用される屋根勾配（5寸勾配≒25度以下）の範囲では、R_r と R_h の比はほとんど1に近いので、実用的には式2・6の I_r として、水平面雨量についての最大降雨強度を用いても大きな差は生じないと考えられます。ただし、風当たりの強い地域の急勾配屋根については それに応じた割り増しを考える必要があります。

2-6 壁面に当たる雨

屋根面と違って壁面の濡れ方は風向や建物の形態によって大幅に変わり、同一壁面内でも位置によって著しい差があるので、壁面の雨仕舞ではこれを正しく知ることが大切です。2章4節「driving rain」では垂直面雨量の算定式として式2・4を示しましたが、これはあくでも降雨空間の中に想定した仮想的な垂直面を、妨げられることなく透過する雨量についてのものです。実際の壁

図2・11 建物周辺の気流の動きと壁面の雨の当たり方

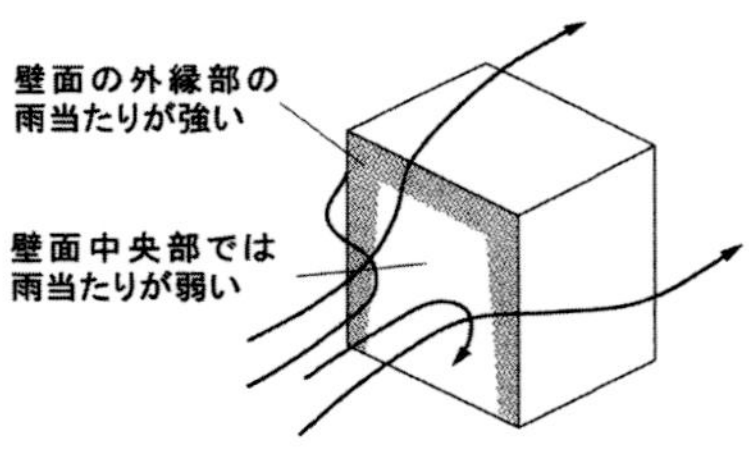

面近傍では図2・11に示すように、風は壁面の手前で止まらずに周辺を迂回して通過します。この際、風に運ばれてきた雨滴は、当然気流のカーブする方向に向きを変えながら、曲がりきらずに慣性力で壁に衝突します。その結果、壁面の中央部に当たる雨の量は少なくなり、両端部や上部などの外縁部の雨当たりが強くなります。

図2・12はスウェーデンの国立建築研究所が実在建物の壁面に多数の雨量計を取り付けて行った観測[10]で得られた、同一壁面上の雨量分布図です。図の中の数値は、地上に設置した壁面と同じ向きの鉛直の受水口をもつ雨量計の観測値に対する比率(%)です。壁面の中央部に比べて、頂部と両端部に当たる雨量が著しく多いことがわかります。また、幅の狭い南壁面に比べると、幅が広い西壁面のほうが受ける雨量が少なく、特に中央部付近にはほとんど雨が当たっていません。

この図が物語るように、同じ driving rain の中にある同一方位の壁であっても、建物ごとに異なる壁面の大きさ、形態によって、あるいは同一壁面の中では高さや幅方向の位置によって、壁面が受ける雨量（以下壁面雨量という）は

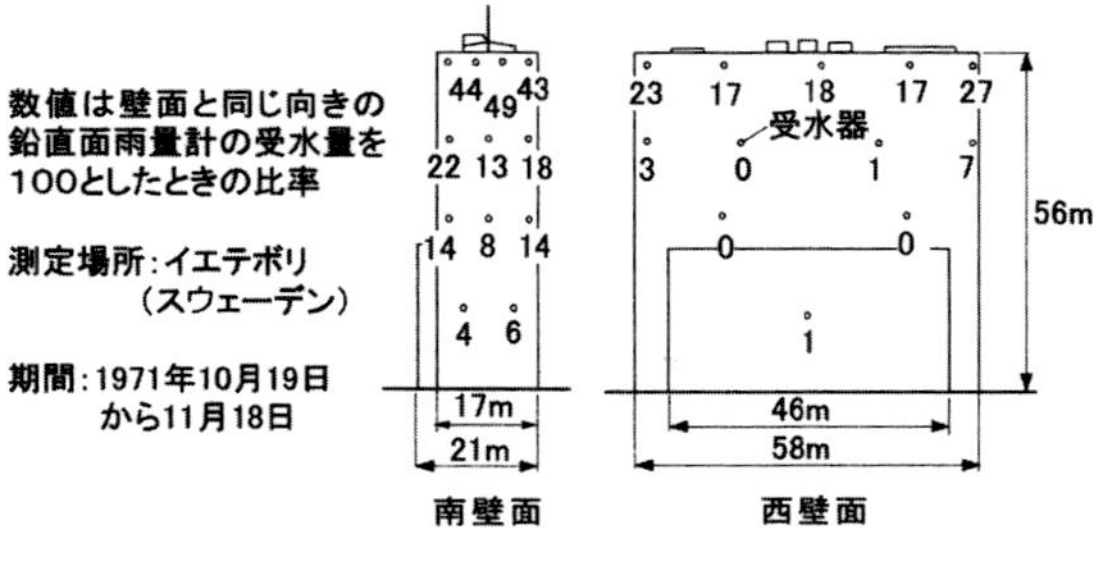

図2・12　壁面内の雨量分布の実測例[10]

全く異なります。雨仕舞の負荷として壁面雨量の最大値を知りたいとき、どのように推定すればよいでしょうか?

図２・12の観測例のほかにも、実際の建物の壁面で壁面雨量を測って、その時の水平面雨量、風向・風速の関係を調べた例がいくつかあります。雨が強いほど、また、風が強いほど壁面雨量が大きいことは当然ですから、これらの測定結果は、おおむね式２・７のような実験式に整理されています。

観測例ごとのCの値はまちまちです。これは壁面の規模、形態、雨量計の位置、風速の観測地上高さなどがそれぞれ違うため、当然のことといえます。既往の観測例の範囲で、Cの最大値は約0.14ですが、これは特に台風などの強風雨を対象にした観測例であり、これを除くと0.09程度が最大値です。[11]

式２・７で壁面雨量を推定する場合、C＝0.1を用いれば、壁面の外縁を含めた最大値としてほぼ妥当な値が得られると考えられます。これを除く中央部付近では、もっと小さな値でよく、4章「雨がかりを減らす」で述べている雨がかり遮蔽角の算定に関する検討と考えあわせると、中小規模の建物については、壁面の外縁から１ｍ以上内側に入った範囲については、おおむね C＝0.07を最

式２・７

$$R_w = C \cdot R_h \cdot U_w \cdot \cos\delta$$

ここで、R_W：壁面雨量（mm）
R_h：水平面雨量（mm）
U_W：平均風速（m/s）
δ：風向と壁面方位のなす角度（°）
C：常数

大値の推定に採用できると考えられます。

壁面の雨仕舞では、雨量だけでなく、雨水が壁面にどのように当たり、当たった後はどのような動きをするかということも重要なポイントです。

雨滴の飛び込み方向別に雨量を測れるように工夫した特殊な雨量計を、地上高さ77ｍの高層建物の壁面の、頂部から少し下がった位置に取り付けて行った観測では、風向がほぼ壁面に正対する条件でも、壁の端部では雨量の90％以上が壁面の中央から外よりに向かって斜めに衝突する雨滴からなることが確認されています。［12］ 章末技術情報2・2 これは図2・11のような気流の影響を考えた場合、当然のことといえます。また、鉛直方向の雨滴の衝突角については、ほとんどの雨量は水平より上方からのものでした。よく、超高層ビルでは雨が下から降るなどと言われますが、壁面に上向きに衝突する雨滴が量的に多くなるのはパラペット直下に限られそうです。

次に、いったん壁に当たった雨は、その後どのように移動するのでしょう？

窓ガラスに当たった雨を見ていて分かるように、平坦な面に当たった雨水は、風の強弱に応じて角度を変えながら斜め下方に流れ落ちます。この水は、窓台、壁面上のわずかな突起、あるいは不連続部分で壁面から切れ、滴下します。このとき、5章「水を切る」で述べているように、水滴は原則として、壁面に向かって放物線状に落下します。中・低層建物の壁面で風当たりがさほど強くない状況では、この滴下水はそのまま地面に落ちるか、落下高さが十分ある場合は壁面に再付着します。

一方、風当たりの強い高層建物の壁面では、壁から切れた水滴は落下速度が小さいうちに壁面に沿って中央から外縁に向かって吹く気流の影響を受けるため、水平に近い角度で横方向に移動し、近くの壁面に再付着します。[13]

章末技術情報2・3

この水は再び同様の動きを繰り返しながら順次外向きに移動し、最終的に壁面の端部から飛散するため、壁面上を下方に移動する雨水は少ないと考えられます。降雨時、超高層ビルの壁面を相当量の雨水が濡らしています。これがすべて下方へ流れて集まったとすると、最下階の壁面は滝のような水膜で覆われるはずですが、そのような光景を見かけないことは、上記の推定を裏付けるものです。

2-7

風雨の同時性

降雨に伴って、どのくらいの強さの風が吹くかを知ることは、屋根面や壁面の雨量、壁面の雨がかりの範囲と程度、外装材の隙間への雨滴の吹き込みや水膜の押し込みの要因となる気流速度や風圧力などを検討する上で欠かせません。

しかし、一般的な気象統計では降雨量、風速のそれぞれについての極値や出現頻度は示されていますが、風雨の組み合わせまでは知ることができません。driving rain の本場を自称する英国では、地域ごとの（年間降雨量×年平均風速）を driving rain index（吹降り雨指数）と名付け、その分布を地図上に示した、driving rain map を作成しています。[14] driving rain map は雨風が共に強い地域とそうでない地域のおおまかな区別には役立つものの、最初に述べたような具体的な負荷の算定には使える資料ではありません。そのような資料を

[15]図2・13　降雨時風速の超過頻度

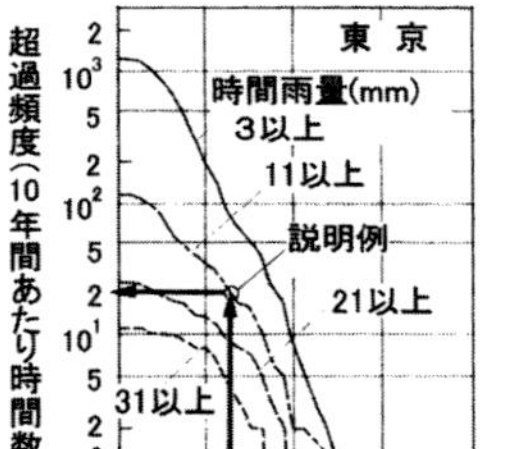

(例) 東京で時間雨量が11㎜以上の時、10m／s以上の風が吹くのは10年間に20回

得るには、気象庁で公表している気象月報のような生の観測資料にさかのぼって風雨の同時発生状況を調べる必要があります。これまで作成されているこの種の資料には、次のようなものがあります。

図2・13は特定の10年間の毎時の雨量と10分間平均風速の観測記録から、時間雨量のレベルごとに降雨時の風速がある値以上になる頻度（時間数）を調べた一例です。[15] これによると、降雨量が大きくなるにつれて、同一風速の出現頻度が減り、期間中の最大風速も小さくなることが分かります。つまり、簡単にいえば、強い雨のときほど風は弱くなるということです。これは他の調査地点についても共通しており、気圧配置など雨をもたらす気象条件の特性に基づく一般的な傾向と考えられます。

図2・13は風向を区別せずに作られた資料ですが、壁面の雨仕舞に関しては壁面の方位ごとに風雨の影響を受ける風向範囲が異なります。図2・14は、最近の気象資料を用い、壁面が雨を受ける風向範囲（-90°＜θ＜90°）に限定して同様に風速の超過頻度を調べた結果の一例です。各方位の壁面が対する風向によって、雨と風が同時に作用する頻度が著しく異なることが分かります。

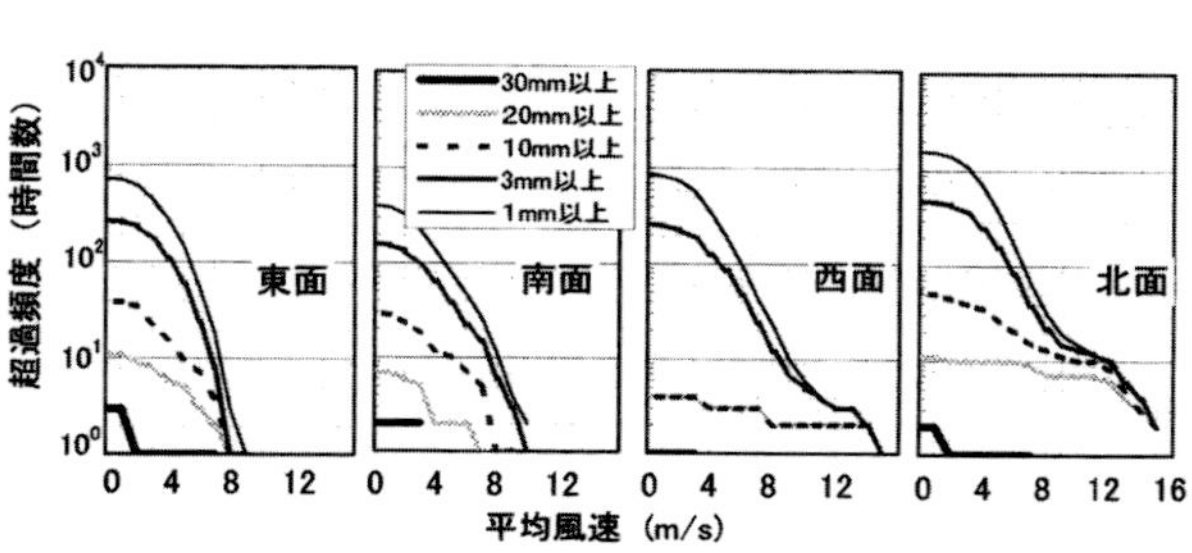

図2・14 壁面方位別風向範囲における降雨時平均風速の超過頻度（時間数／5年間）

東京では最も頻度が高いのは北面で、南面が最も低くなっています。時間雨量10㎜以上において平均風速が10m/sを超えるのは5年間で最大10回（北面）で、東面や南面では平均風速が10m/sを超えることがありません。

表2・4　降雨を伴う風速の再現期待値（再現期間50年）[16]

地点	降雨時風速の期待値(m/s)		
	R≧5mm	R≧11mm	R≧31mm
旭川	13.8	11.3	3
札幌	15	12.1	3.7
函館	17.8	14.7	4.5
青森	16	13.5	5
秋田	18.6	16.7	10.2
盛岡	13.8	12.4	7.7
仙台	17.1	15.6	10.2
山形	11.9	10.7	6.9
福島	11.9	10.8	7.1
水戸	20.8	19.2	13.6
宇都宮	16.6	15.6	12.1
前橋	17.9	16.4	11.2
熊谷	17.2	16	11.8
東京	18.5	17.2	12.5
千葉	27.3	24	13.1
横浜	23.3	21	13.5
長野	16	14.4	8.9
甲府	14.7	13.4	8.9
静岡	20.7	19	14
名古屋	24	22.2	16.8
岐阜	16.8	15.7	12
津	28	25.5	17.3
新潟	23.9	19.7	5.8
富山	21.3	19.4	13.1
金沢	13.7	12	6.1

地点	降雨時風速の期待値(m/s)		
	R≧5mm	R≧11mm	R≧31mm
福井	17.7	15.7	8.9
彦根	16.7	14.9	9.2
京都	12.6	11.6	8.2
大阪	24.5	22	15
神戸	23.7	22	18.7
奈良	14.4	12.8	7.7
和歌山	23.6	21.7	15.3
岡山	14.8	13.1	7.4
広島	19.7	17.7	11
松江	23.3	20.6	11.8
鳥取	17.9	15.9	9.2
徳島	29.8	28.2	22.9
高松	22.7	21.3	16.7
松山	13.7	12.1	6.6
高知	18.4	17.4	13.9
山口	25.1	22.3	13
福岡	24	21.8	13.9
大分	19	17.7	13.3
長崎	19.2	18	14.2
佐賀	27.6	25.9	19.9
熊本	15.4	14.2	10
宮崎	24.2	22.4	16.2
鹿児島	25.6	23.5	16.5
那覇	36.3	33.8	25.5

R:1時間降水量(mm)

（風速は地上10mの高さにおける10分間平均風速）

高層ビルの外壁接合部の水密設計には、ある年数（再現期間）に1回の割合で出現することが予期される降雨時風速（これを降雨時風速の再現期待値と呼びます）の資料が必要です。表2・4は、時間雨量ごとに調べた10分間平均風速の年最大値の統計を用いて、最大値分布の確率理論にあてはめ、再現期間ごとの期待値を算出した資料の一部です。[16] ここでも、降雨量が大きいほど風速の期待値が小さくなることが分かります。

図2・13や表2・4のような資料は、代表的な観測地点について得られていますが、その地点数は限られています。図2・15は全国135地点の降雨日（日降水量1mm以上）の日最大平均風速（したがって厳密には降雨時風速とは限らない）の統計を用いて、同様に再現期待値を計算し、その値をもとに作成した分布図です[17]。地形による風速の局地的な差を無視して作成しているため、その点を考慮してみる必要がありますが、降雨時最大風速の地域的な分布をおおよそつかむことができます。

図2・15　日降水量1mm以上の降雨日における日最大風速（10分間平均速度）の5年間再現期待値[17]

技術情報 2・1 コンクリートの吸水速度 [2] [3]

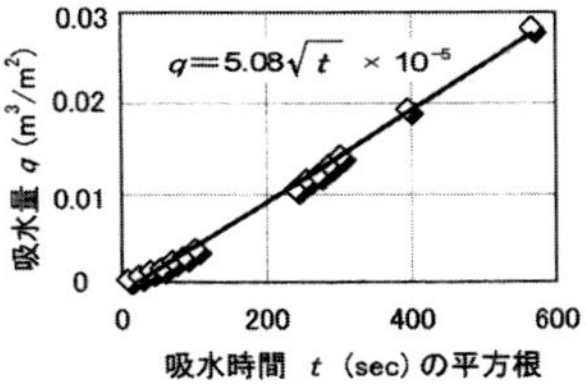

210×320×厚180mmの川砂利・川砂コンクリート直方体の一面から厚さ方向に継続的に吸水させ、経過時ごとの単位吸水面積あたり吸水量を測定した実験のデータ。

吸水が一面から連続的に進行するとき、単位吸水面積あたり吸水量q (m^3/m^2) は吸水時間 t (sec) の平方根に比例する。これを $q=a'\sqrt{t}$ で表すとき、a' は材料固有の吸水速度係数で、実験値は川砂利・川砂コンクリートで1〜5×10^{-5}、モルタルでは3〜14×$10^{-5}m^3/m^2 \cdot sec^{1/2}$程度である。
図示のコンクリートの吸水開始後12時間後、24時間後の時点における1時間吸水量を実験式で計算するとそれぞれ、0.43、0.31 l/m^2

技術情報 2・2 壁面上の雨滴の衝突角 [12]

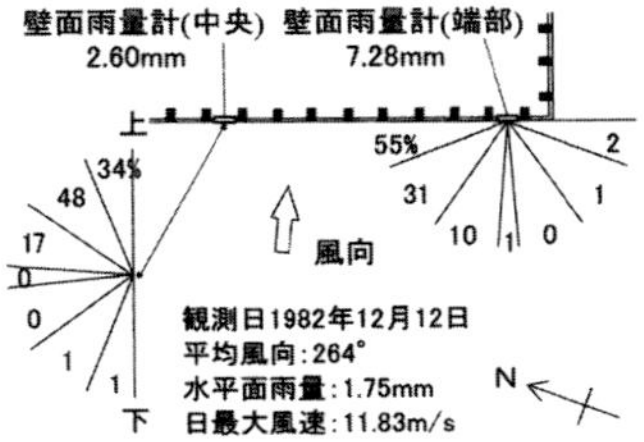

開口面を前後にずらした複数の受水口を持つ特殊な壁面雨量計の特定の日受水量を分析して、壁面に対する雨滴の衝突角別の雨量構成比を調べた。設置位置は英国シェフィールド市内に建つ高さ77mの塔状高層建築物の西壁面、頂部から約9m下方で、水平角用は壁面南端から1.4m、鉛直角用は中央部。

観測日の平均風向は壁面に対してほとんど直角であるにもかかわらず、壁面の端部ではほとんどの雨滴が壁面の中央よりから斜めに衝突している。壁面中央ではほとんどの雨滴が上方から衝突しており、下方から当たる雨は少ない。

技術情報2・3 壁面上の突起物周辺の壁面雨量 [13]

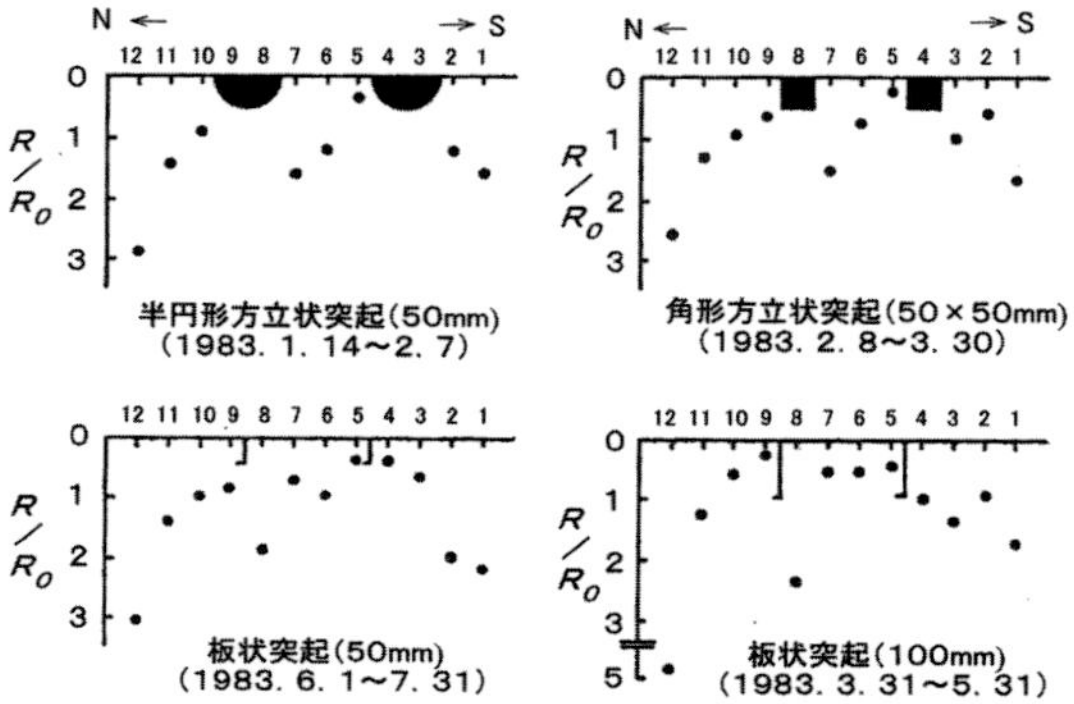

並列に設けた複数の受水口の中間に方立状、あるいは板状突起を縦方向に配置した壁面雨量計を用いて各受水口の日受水量の分布を調べたデータ。設置位置は技術情報2・2と同一壁面、同一高さの、北端から2.5mの範囲。

縦軸は、突起付き雨量計の受水量Rを、突起のない雨量計で測った同位置の壁面雨量R_0で除した比。突起周辺の受水量は、壁面の外縁に向かって増す傾向が明らかで、受水量比は突起の直近では1以下だが、少し離れた位置で数倍に達している。
受水量の分布傾向から、突起の表面を濡らした雨水は、表面から剥離する際に壁面の外縁に向かって斜め下方に飛散し、近くの壁面に再付着していると推測される。

3

水はどう流れるかを知る

3-1

雨仕舞で扱う流れ

水の流れというと、水道の蛇口から出てくる水や、川の流れがすぐ思い浮かびますが、雨仕舞で相手にする流れはそのような流れとはかなり様子が違っています。その特徴は、雨という面積的にも時間的にも分散した水の供給源がもたらす流れであるために、部材の表面積や隙間の大きさに対して流量が極めて少ないことです。このため、濡れ付着の影響や、流れに沿う気流の影響を強く受け、また、雨の強さによって、連続した流れにならず、筋状や水滴状に分散した流れの形態をとることもあります。

また、隙間の流れでは隙間を水が充満して流れる状態はどちらかというと特殊なケースであり、隙間の中に水と空気の流れが混在する状態がむしろ一般的といえます。

(a) 分散流れ

写真3・1　平坦な屋根面上の水の流れ[1]（屋根面は塗装溶融亜鉛めっき鋼板）

このような特徴のある流れは、管路や開水路の流れが中心である水理学の公式を画一的にあてはめるだけでは取り扱うことができません。

3-2 部材表面の流れ

1 流れの性状

写真3・1を見て下さい。これは平坦な屋根面上の雨水の流れ方を調べる目的で、傾斜させた塗装溶融亜鉛めっき鋼板、通称カラー鋼板の長尺板に、上からスプレーノズルで均等に散水を行ったときに見られた代表的な流れの形態を撮影したものです。[1]

これを見ると雨を受ける面の流れが決して一様なものではないことがよく分

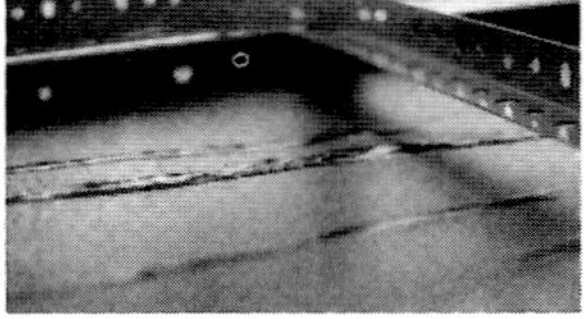

(b) 筋状流れ

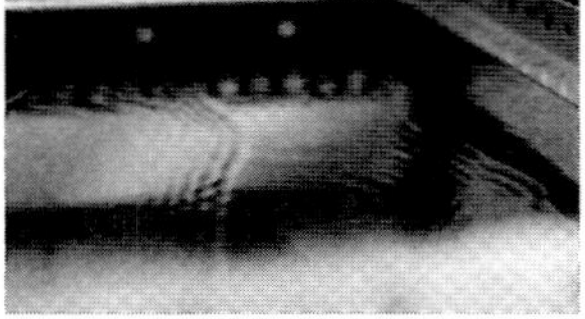

(c) 膜状流れ

かります。ここでそれぞれの流れを以下のように呼び分けることにします。

(a)　分散流れ　散水された水は分散した水滴状に表面に付着し、ある程度大きく成長すると下方へ移動し始め、その途中で他の水滴と合体し、質量を増すと急に速度を速めて流れ出します。これと同じような流れは雨の日に、電車や車の窓ガラスの向こうに見ることができます。

(b)　筋状流れ　滴状に分散せずに連続して流れますが、膜状に広がらず何本かの盛り上がった筋状に分かれて流下します。筋の先端の流下方向は不規則に変化し、途中に付着している水滴を吸収して合体したり、分岐したりします。

(c)　膜状流れ　表面全体を覆う連続的な薄い膜状をなして流れます。膜の表面には細かいさざ波が立ちます。

では何が以上の三つの流れの違いをもたらすのでしょう。

第一に流量が挙げられます。少ないほど分散流れに、多いほど膜状流れになりやすいことは言うまでもありません。流量は散水量（つまり雨量）だけではなく、流下長さや勾配によっても変化します。当然、水上では分散流れ、水下では筋状流れというような場合もあります。

第二に部材表面の水に対する濡れやすさが関係します。濡れやすさ（あるいは濡れにくさ）とは、簡単にいうとある面に水滴を置いたとき、広がっていくか、それとも玉になりやすいかということで、その程度は接触角（図３・１の θ_c）で表されます。

接触角は材料の種別や表面粗さによってそれぞれに異なっています。たとえばテフロン加工のフライパンにたらした水は玉になって、広がろうとしません。このように接触角が大きい表面の性質を撥水《はっすい》性と呼びます。

撥水性の反対が親水性です。非常に清浄に処理したガラスの表面の接触角は10度以下になります。このような表面に水をたらすと、薄い膜状にどこまでも広がっていきます。ただし、布で拭いたくらいではそこまで清浄にはなりません。参考までにガラス面をこのように清浄にするには、蒸留水に苛性ソーダを溶かした飽和水溶液とエタノールを等量で混ぜ、さらに蒸留水で薄めたもので拭くのが簡単な方法です。

撥水性と親水性の中間を疎水性と呼ぶことがあります。しかし親水性、疎水性、撥水性の厳密な区分というものはないようです。

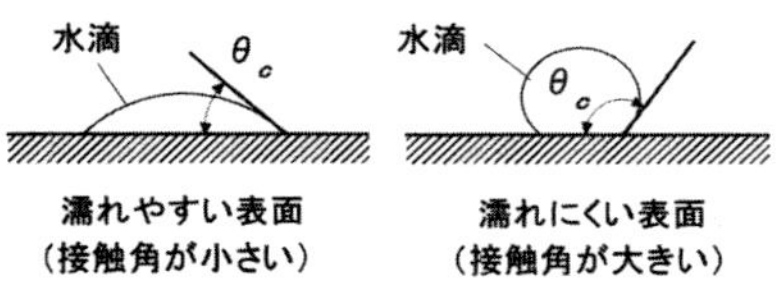

図３・１ 接触角と濡れ

たいがいのプラスチックの表面は疎水性です。金属類は素材表面は親水性ですが、アルミサッシなど建築部材には通常塗装が施されているので、表面の濡れ性状はプラスチックと大差がありません。プラスチック類の中でも特に撥水性が大きいものがあります。フッ素樹脂の仲間はその一つです。

写真3・1の実験では、塗装鋼板としてポリエステル樹脂系塗装品と、フッ化ビニリデン樹脂系塗装品の2種を用いました。接触角が大きい後者の表面では、前者に比べて膜状流れになりにくく、筋状、または分散流れになる傾向が見られました。しかし、3か月ほど屋外に曝露した後にもう一度実験してみると、撥水性は低下し、両者の間に顕著な差は見られませんでした。

2　流れをもたらす力

重力

部材表面の雨水の流れを引き起こす最も重要な力はもちろん重力です。ことわざ*でたとえに引かれるように、水が重力の作用で最終的に下に流れるのは

＊「水の低きに就くが如し」物事の自然ななりゆきをいう。また、物事の自然ななりゆきを止めにくいことをいう。

自然ななりゆきで、止めることはできません。しかし、その過程で水は必ずしも常に真下に流れるとは限りません。それは次に述べるような力の作用によります。

表面張力、界面張力

水、あるいは一般に液体に表面張力があることはよく知られています。液中では、液体を構成する分子が相互に引き合う力があらゆる方向に働いてバランスを保っていますが、表面ではこのバランスが崩れ、表層付近の分子同士の引き合う力が強まります。これが表面張力です。物体は表面のエネルギーを最小にして安定しようとします。表面積が最小の形態は球なので、表面張力の働きにより水滴は球状になります。（図3・2）

液体が固体の表面に触れる箇所では、液体の分子と、固体の構成分子の間にも引き合う力が働きます。これを界面張力といいます。水を容器に入れると、容器の壁に沿った部分の水面はこの張力によって壁に引き上げられるように変形します。（図3・3）

このとき、水の縁は壁と水の接触角 θ_c の方向に引き上げられます。非常に接

図3・2　水が空中で滴になるのは表面張力の働きによる

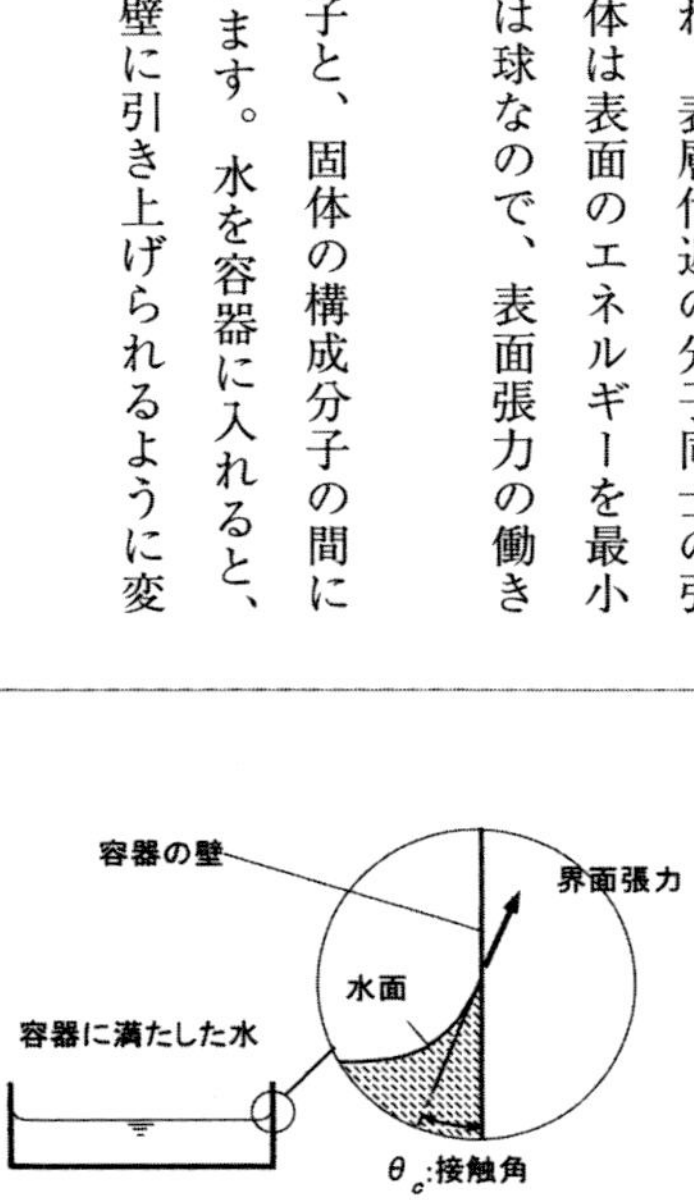

図3・3　物体表面と水の間に引き合う力が働く

近した2枚の平面にはさまれた水（あるいは非常に細い管の中の水）は、この張力によって面のまだ濡れていない方向へ移動します。これが毛細管現象です。毛細管現象については次節「隙間の流れ」で触れます。

さて、図3・4のように、ある鉛直の部材面を水が筋状に流れている状況を考えます。この流れは、まずは重力の作用により下方に向かいます。しかし、流れ先端の部材面と接触する縁（界面）は、界面張力によって外向きに引っ張られているので、左右方向のバランスが崩れると、より強く引っ張られるほうに向きを変えようとします。張力の働き方は表面の汚れ方のムラや流れ先端部の形状によってあらゆる方向に一様ではないので、必然的に流れの方向は一定しません。流れの先端が付近に付着している水滴に接近して合体すると、流れはそちらに引き寄せられます。

その結果、鉛直面上（傾斜面についても同じことがいえる）の筋状の流れは、左右に不規則に蛇行します。写真3・2は蛇行する筋状流れを示します。流量が増し、流速が大きくなると、部材の縁に向かった流れは慣性力によって空中に飛び出します。このような流れが生じる場合は溝や突起を付けたくらいでは

図3・4　分散流れ・筋状流れの先端部に働く力

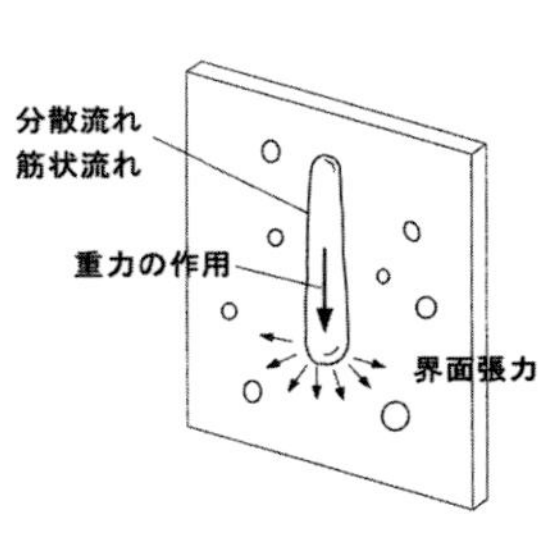

写真3・2　蛇行しながら筋状に流れる水　少しくらいの溝は跳び越えてしまう（流下面はアルミニウム形材）

簡単に乗り越えてしまい、横方向の動きを止めることはできません。一方、膜状流れでは部材面はある程度の幅で連続的に水で覆われるのでこのような蛇行は起きず、真直ぐ下方へ流れることになります。

気流

部材表面上の雨水の流れは、厚さが最大でも数㎜程度、流速も数10㎝/s程度なので、表面に沿って流れる気流がある程度の速度に達すると気流の影響を強く受けます。表面流れに対する気流の影響は、流下面の形状、流れの状況、流量に応じて、流れ方向の変化、停滞、飛散などになって表れます。最も気流の影響を受けやすい流れは流量に比して表面積が大きい分散流れです。

3 層流と乱流

ここでごく簡単に、流体力学的に見た流れの区分に触れておきます。

層流は文字どおり水の分子が流れに平行に層状をなして整然と混ざり合うことなく移動する流れです。この場合、流れは重なった層が互いにずれるかたちで生じています。各層の流速は流れが水路の壁に接している部分で0で、壁から離れるに従って速くなっていきます。つまり流れの各部分で流速が一様でなく、その平均速度が流れ全体としての流速ということになります。層流は流れが乱されることが少ない緩やかな流れで見られます。薄い膜状の流れや、ごく細い管の中、あるいはごく狭い隙間の流れは基本的に層流と考えてよいでしょう。

乱流は内部に渦が生ずる流れのことです。つまり流れの中の水分子は、流れの方向だけでなく、流れに垂直の方向にも入れ混じって動いており、流れは全体としては一様な速度で移動します。一般的な管や水路内の流速の大きい流れはおおむね乱流と考えて良いでしょう。表面流れのうち、筋状流れは乱流と見なせます。

層流と乱流は全く別個に存在するのではなく、同一の管の中の流れでも、流速が小さいうちは層流で、ある限度を超えると乱流に変化します。層流は水の粘性力が支配的な流れであり、乱流は渦の運動エネルギーが支配的な流れということができます。

管の流れの上流と下流での圧力の差を圧力降下、または圧力損失と呼びます。

圧力降下は層流では流速に比例しますが、乱流では流速のおよそ2乗に比例するという違いがあります。

4 流層厚と流速

雨仕舞の納まりに関して、表面流れの高さがどのくらいになるのかを知りたい場合があります。流量と流れの断面積については、一般的に次の関係が成り立ちます。

（流量）＝（流れの断面積）×（平均流速）

雨仕舞では各部の総流量は雨量や流れ長さ、流下高さを想定することで大まかにせよ仮定することができます。そこで、流れの断面の大きさを知るには、流速が分かれば良いことになります。

平面上の流れ

上に述べたように、膜状流れは基本的に層流と見なせるので、粘性流れの理論式を用いて流量と勾配から流層厚と平均流速を求めることができます。[2]

P61解説3・1

先に述べた塗装鋼板表面の流れについての実験で、膜状流下状態の流層厚を測定し、理論値と比べてみたところ、表面の細かい波の高さを平均した厚さは、大体一致することが分かりました。[1]

図3・5は平坦な屋根面を想定し、通常考えられる降雨強度と勾配、流れ長さの範囲について求めた流層厚理論値を示しています。これを見ると、流層厚が5㎜を超えるようなケースは稀で、降雨強度1㎜/min（表2・2の非常に激しい雨にあたる）、流れ長さ10mでもたらされる程度の軒先流量では、流層厚はせいぜい1㎜位であることが分かります。

谷部や樋の流れ

屋根葺き材の谷部、谷樋、軒樋などの部分には多量の雨水が集まり、まとまった断面をなして流れます。このような流れについては、土木工学の分野で古くから河川の流量計算等に用いられてきた、開水路の公式が応用できます。

開水路の公式は、多くの研究者によって提案されていますが、一般には水路の勾配と水路の断面形状および水路の表面粗さから平均流速を求めるようにな

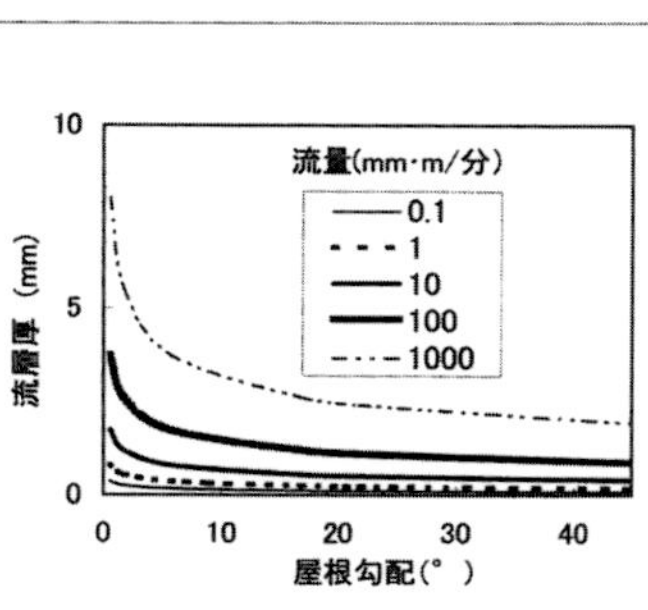

図3・5　屋根面流層厚の計算値（流量は毎分雨量（㎜）と流れ長さ（m）の積で示す）

っています。P61解説3・2

屋根材の谷部や樋では水路の断面形状と断面積、表面粗さがある程度の範囲に特定できるので、開水路公式の計算結果を、簡易なチャートにして利用することができます。章末技術情報3・1 このチャートを用いれば、任意の断面形状の谷や樋について、溢れ出さないための限界流量、あるいは特定の流量がもたらす水位の目安を知ることが可能です。章末技術情報3・2

3-3 隙間の流れ

1 建物に存在する隙間の形状

屋根や外壁の部材と部材の間、あるいは部位の取合いには無数の隙間が存在します。雨仕舞は、要するにこの隙間に雨水を入り込ませない、あるいは浸入は許しても透過させない、さらには透過は許しても拡散させないように雨水を制御し、処理することです。したがって隙間における水の動きを正しく把握することは雨仕舞の基本といえます。

一口に隙間といっても、その形状・寸法・向きは部材の種類・接合法・取合いの形態によってさまざまです。（図3・6）ここでそれらをいくつかの代表的な形状に整理しておきましょう。

(a) 最も単純な形状の隙間はひび割れや板の羽重ね部に見られる、平行な2平面にはされた隙間です（ひび割れの場合は、面は平らではありませんが、微視的に見ると平行な2平面の隙間が無数に連なったものといえます）。隙間の走っている方向は垂直、水平、斜め、ねじれと色々な場合があります。このことは以下の各隙間形状についても同様です。

(b) 板のはぎ目では、相じゃくりや実はぎなどの形式に応じて、屈曲した平行な隙間ができます。

(c) 厚みの大きいパネル類の目地にできる隙間には、通常何らかのかたちで中

図3・6 隙間の形状の各種

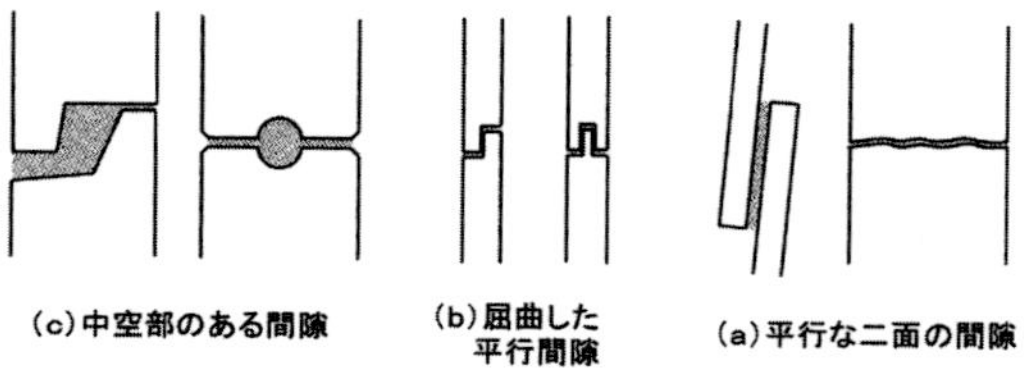

解説３・１　平坦な傾斜面上の流層の基本式 〔2〕

平坦な屋根面上を一様に流れる雨水の流層厚は、粘性流との仮定に基づいて次式で表せる。

$$t=\left(\frac{3Q\mu}{\rho_w g\sin\alpha}\right)^{\frac{1}{3}}$$ ……式３・１

ここで　t：流層厚(m)
Q：流量($m^3/m\cdot s$)
μ：流体の粘性係数(Pa・s)
α：勾配
ρ_W：雨水の密度（kg/m^3)

また、流量=流層断面×流速の関係から、平均流速Uは、

$$U=\frac{Q}{t}=\left(\frac{\rho_w gQ^2\sin\alpha}{3\mu}\right)^{\frac{1}{3}}$$ ……式３・２

解説３・２　水路の流れの基本式

水路の流れでは、平均流速を一般的に次式で表す。

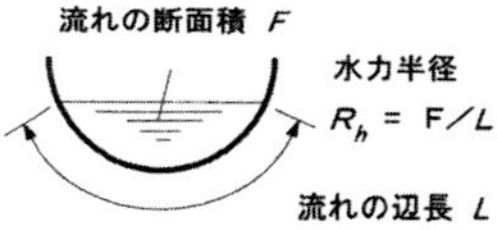

$$U_c=C_c\sqrt{i\cdot R_h}$$ ……式３・３

ここで　U_C：平均流速(m/s)
i：水路の勾配(tan値表示)
R_h：水力半径(m)
C_C：実験的に求められる常数

ここで、水力半径は流れが水路に接する辺長で流れの断面積を除した値。辺長が小さければそれだけ抵抗が少ないので水力半径の値に応じて流速は増す。C_Cの値については勾配、水力半径、および水路の表面粗さを含んだ実験式が求められ、Kutter公式、Manning公式が代表的である。詳細は水力学、水理学などの参考書を参照されたい。

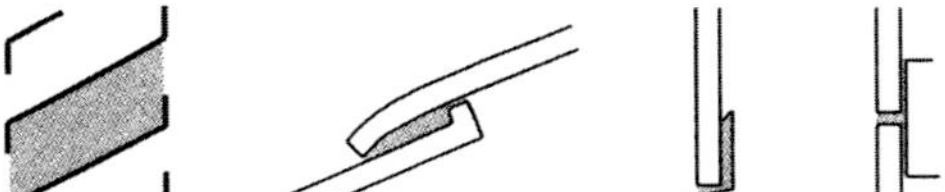

(f)幅が広い間隙　(e)三次元的に形態が変化する間隙　(d)取合い部のL字形、T字形間隙

空部ができます。中空部の形状も、両側が閉じたもの、外部側が広くあいたもの、あるいはその逆のものなどがあります。
(d) 外装材と水切り板、胴縁などとの取合い部には取合いの形態に応じてL字形やT字形の隙間ができます。
(e) 屋根材の重ねやハゼ部にできる隙間は、形状が複雑で、かつ3次元方向にそれぞれ形態が異なっています。
(f) 換気ガラリの羽根同士の隙間のように、一般の部材の隙間と比べると著しく幅が広いものもあります。
このような多種多様な形状・寸法の隙間の中の流れを一様に論じられないことは当然です。

2 隙間の流れの状態

建物外表面に存在する隙間の中の雨水の流れは、先に述べたように時間あたりの供給量が限られているため、必ずしも隙間の内部を充満して流れるとは限りません。むしろ水と空気が共存した流れとなることの方が多いといえます。

図3・7は、隙間の流れの状態を次の5種に分けて示しています。

(a) 連続充填流れ

ひび割れの内部や密着した部材間など、隙間の幅が非常に狭い場合か、隙間は広くても、それを満たすのに十分な雨水が常時多量に供給される場合にのみ

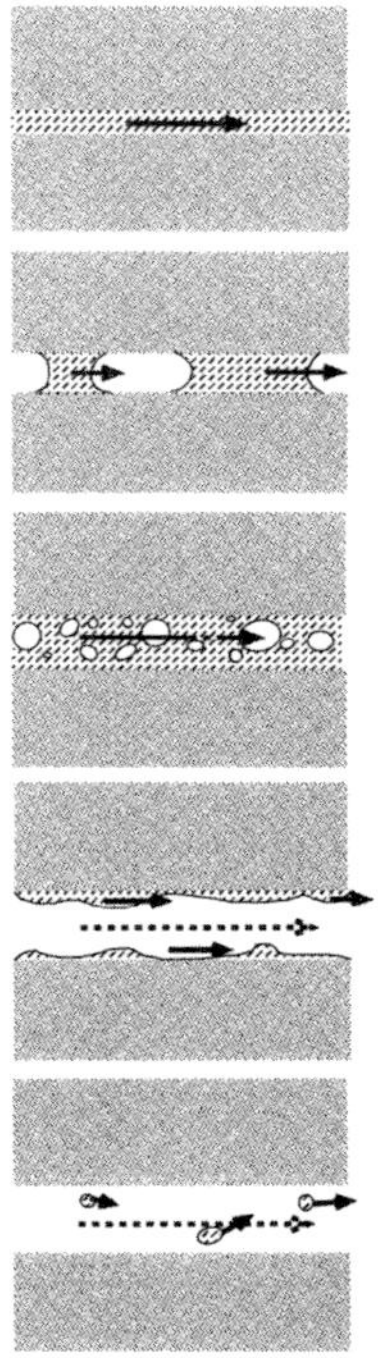

図3・7　隙間の流れの状態各種

存在します。

(b) 不連続充填流れ

隙間の幅は水膜が形成されるのに十分狭いが、流量に対して供給水量が間に合わない場合はこのような流れになります。たとえば縦目地部の隙間の上方を水が流下するとき、このような流れが起きやすいといえます。

(c) 気泡混入流れ

隙間に雨水が滞留する条件で、入口から空気が圧入されるときに生ずる流れです。流れの中に気泡が混入すると、ちょうど沸騰している水に似た状況になります。この流れが発生するときは水面からしぶきが飛散し、隙間の出口から容易に漏出します。

(d) 表面付着流れ

隙間の幅が広く、水膜形成が不完全となる場合に生ずる状態です。この状態で隙間の中を気流が通過すると水滴が気流に運ばれて広範囲に拡散します。

(e) 水滴の透過

雨滴やしぶきが直接飛び込んだり、気流に乗って通り抜ける状況です。このとき、水滴の一部が隙間の壁に付着することは避けられないので、(d)と(e)は同時に存在すると考えてよいでしょう。

3 流れをもたらす力

慣性力

慣性力は水滴や筋状の流れがある速度で移動しているとき、それまで移動してきた方向に進み続けようとする力です。建物外面まで運ばれてきた水滴は、広い隙間があれば図3・8のようにそのまま直進を続けて隙間に入り込みます。あるいは壁面を斜めに蛇行してきた筋状流れは、図3・9のようにそのまま直進して重ねの隙間に入り込みます。

慣性力が主要な要因になる隙間の流れの種類は、水滴の透過と表面付着流れです。

毛細管張力

毛細管張力はすでに述べたように、細い管や狭い隙間を形成している壁と水

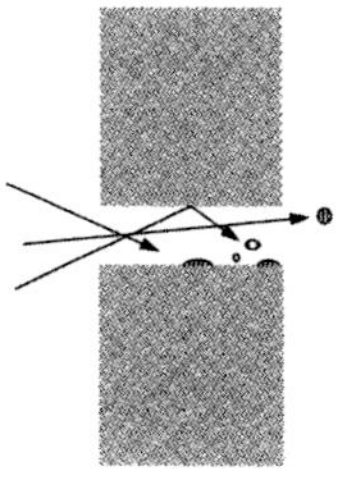

図3・8 雨滴の慣性力による浸入

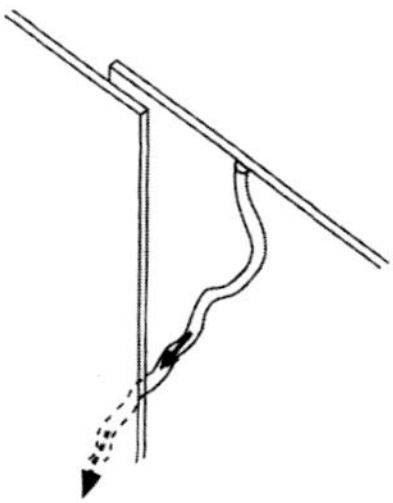

図3・9 筋状流れの慣性力による重ね部への浸入

との間に働く界面張力がもたらすものなので、図3・10(a)に示すように水は重力に逆らって上方に移動することができます。その上昇限度は、界面張力と上昇した水の質量による重力との釣合いで定まり、管が細いほど、隙間が狭いほど上昇水位は大きくなります。 P73解説3・3

多孔質の材料、たとえばレンガ、モルタル、コンクリートなどは内部にごく細い連続した毛細管状空隙を多数もっているので、下端を水に接すると数10cmも水を吸い上げます。（2章文献［3］）一方、そのような水位上昇をもたらす管、隙間、あるいは材料であっても、途中で切れたところで水はストップします。（図3・10(b)）

毛細管現象による移動を防ぐのは原理的には全く簡単なことで、毛細管状の隙間を作りさえしなければ良いわけです。しかし、実際の建築部材の取合いには思いもかけないかたちで連続した毛細管状隙間が形成されることがあり、私たちはしばしばこれに悩まされます。

重力

流れの原動力としての重力については、ことさらに述べる必要はないでしょ

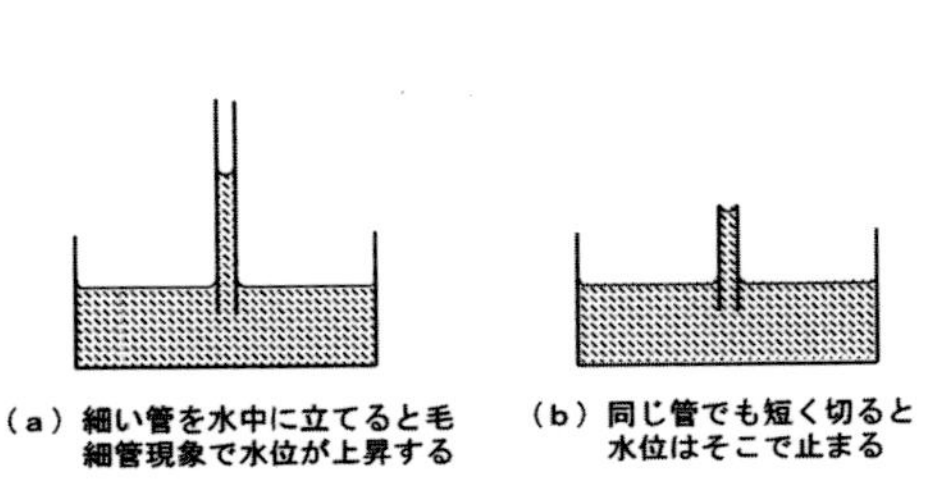

（a）細い管を水中に立てると毛細管現象で水位が上昇する
（b）同じ管でも短く切ると水位はそこで止まる

図3・10 毛細管現象

う。

圧力差

隙間前後の空気の圧力差（以下単に圧力差と言います）は主として風圧力によってもたらされます。すなわち、圧力差による隙間の流れは、雨風が強い気象条件特有の問題です。風圧力は建物外表面で正圧に（室内圧より高く）なったり、負圧に（室内圧より低く）なったりします。雨仕舞で問題なのは隙間の入り口側の圧力が出口側より高い条件、つまり正圧が作用する位置が雨で濡れる場合ということになります。

圧力差の作用は隙間の形状や寸法によって一様ではありません。以下、圧力差の作用に差が生じる理由について説明しましょう。

1　隙間の外部における水膜形成の有無による差

図3・11において、隙間の左側が外部側で室内の空気圧 P_i より ΔP だけ高い空気圧 P_o が作用して、かつ雨水が隙間の開口上に供給されていると考えます。

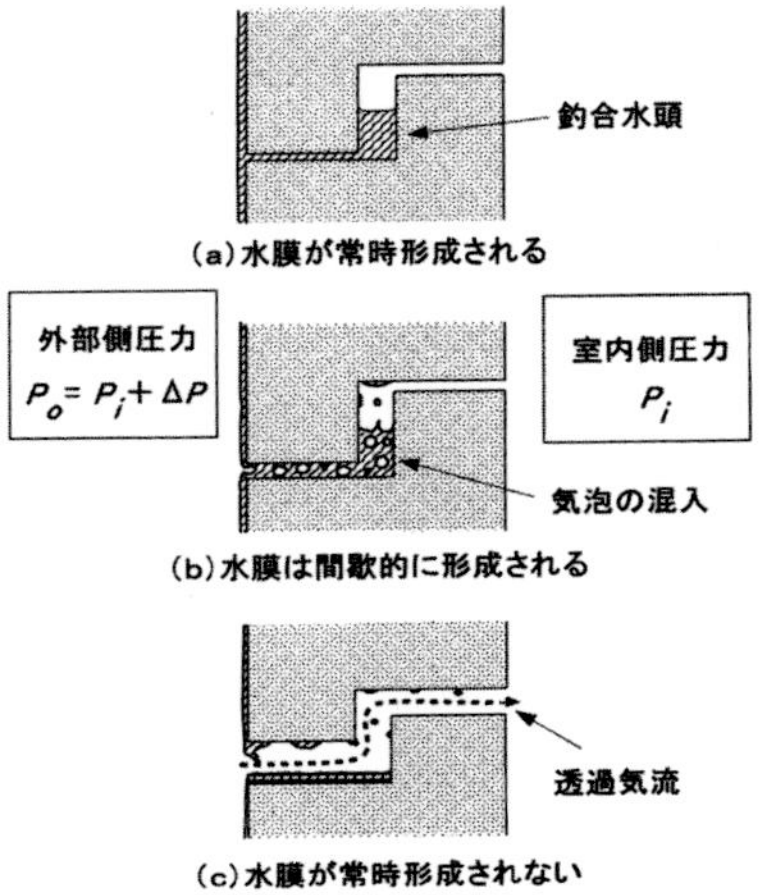

図3・11　外部側開口の水膜形成条件により圧力差の作用形態が異なる

(a)のように隙間が狭く、かつ十分な量の雨水が供給される条件では、隙間の開口上に常時水膜が形成され、隙間を充填した水は圧力差ΔPによって室内側に連続的に押し込まれます。この場合、立上りのある隙間でも、圧力差が立ち上がり部を満たす水の位置水頭に対して十分大きければ、水が隙間内に押し上げられます。

(b)のように隙間の開口は水膜で塞がれるが、雨水の供給量が不十分な場合は、圧力差によって水膜が隙間に押し込まれた直後に水膜の連続性が失われ、空気が圧入されます。その後再び水膜が開口を塞ぎ、空気の圧入が繰り返されます。この場合、隙間の中の水は気泡混入流れとなり、出口からしぶきが吹き出します。

(c)のように隙間の開口幅がある程度以上大きくなると、開口上に水膜が形成されなくなります。この場合、隙間前後の圧力差によって隙間内に連続的な気流が発生し、その流速が一定以上になれば表面付着流れや水滴の透過による水の引込み、吹出しが起きます。

2 広さが一様でない隙間内部の圧力分布による差

図3・6で示したように、実際の部材間に生ずる隙間の形状は入口から出口まで同じ幅ということは少なく、局部的に狭くなったり広がったりしています。

図3・12は広さが一様でない隙間の形状を類型的に(a)外部側（雨水の浸入口側）が狭くなっているもの、(b)室内側（雨水の漏出口側）が狭くなっているもの、(c)両側とも狭くなっているものに分けて示しています。

これらの隙間の前後に圧力差ΔPが作用するとき、空気の通りにくい箇所で圧力の差が大きくなるため、(a)と(b)では隙間内部の圧力の分布が逆になります。

すなわち、隙間内の圧力 P_c は(a)では室内圧 P_i に近くなり、(b)では外部圧 P_o に近くなります。また、(c)では外部側と室内側の開口面積比に応じて、P_o と の P_i 中間の一定値となります。

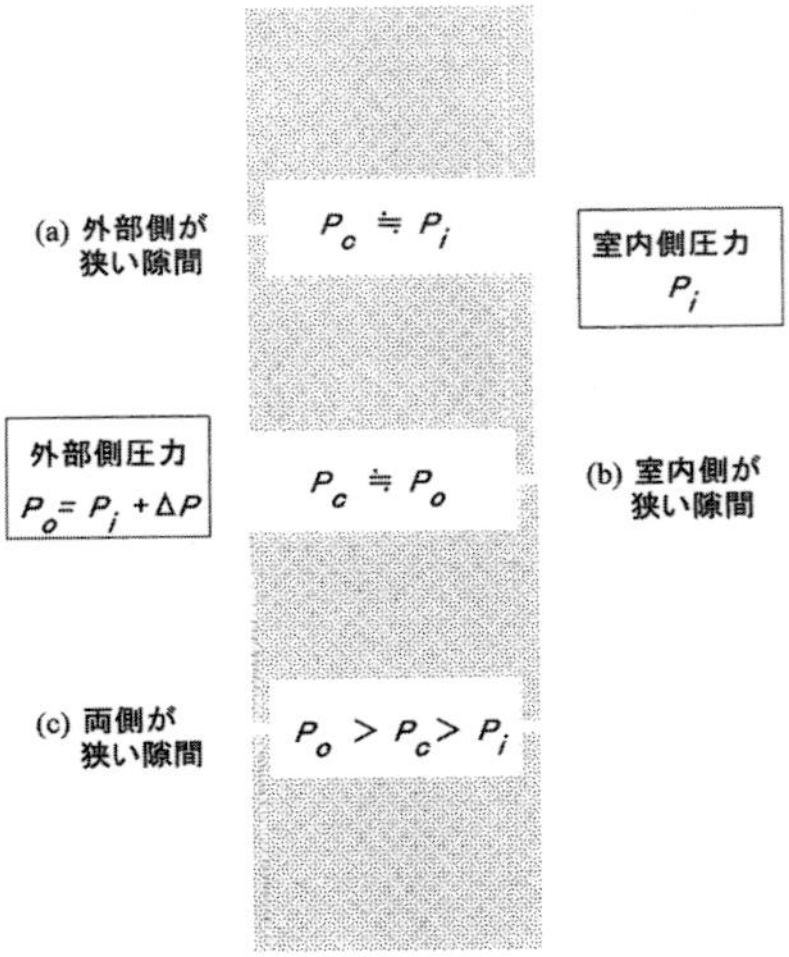

図3・12　隙間形状と内部の圧力分布

以上のような圧力分布の相違は、それだけでは特に問題はありませんが、雨水が隙間のどの位置に存在するかと絡むと、隙間内の雨水の動きに著しい差を生むことになります。

つまり、隙間内で前後の圧力差が大きい位置に雨水が存在し、水膜状に隙間を塞いだり、水滴や水膜として内面に付着していると、その雨水は圧力差で押し込まれたり、気流で移動・飛散する危険が大きくなります。一方、前後の圧力が一様、あるいは差が小さい位置に存在する雨水は、隙間を塞いで空気を遮断しない限り、圧力差の作用を受けて移動する危険は少ないといえます。

外装材の隙間では、雨水はどうしてもまず外部側を濡らすことになるので、図3・12で(a)や(c)の条件を備える隙間は圧力差による雨水の浸入が生じやすいのに対して、(b)の条件を備える隙間では生じにくいという差が生まれます。＊ただし、(b)の条件を備える隙間において、圧力差以外の流れをもたらす力、すなわち慣性力、毛細管張力、重力による雨水の浸入が起きて、その水が隙間の室内側に達するときは、この部分に存在する圧力差でほぼ確実に室内への漏出が起こることになります。

ちなみに入口から出口まで同じ幅の隙間では、内部の圧力は外部側から室内側へ連続的に低下していると考えられます。この場合、外部側開口付近での局部的圧力差は比較的小さいとも言えますが、このような条件を備える広い隙間

＊ この理屈を積極的に応用するのが等圧設計（7章参照）

では、わずかな圧力差で気流の透過に伴う表面付着流れの漏出を招きやすく、狭い隙間では外部側開口が水膜で塞がれ、水膜の前後に圧力差を生ずることになるので、いずれにしても圧力差による雨水の浸入が生じやすいことになります。

4　ひび割れ内部の流れ

ひび割れからの雨漏り防止は、技術的には雨仕舞というよりは防水の領域と言えそうですが、現実にひび割れからの浸水は雨漏りの原因として重大な問題であり、隙間の流れを扱う本節の内容に関連するので、ここで簡単に触れておきます。

幅が1㎜を超えるような大きなひび割れは別として、微細なひび割れ内部の流れの状態は、2項「隙間の流れの状態」で区分した連続充填流れが主体であり、建物外表面の隙間の流れの中で、流体の理論があてはまる数少ない例といえます。

解説 3・3 毛細管内の水位上昇

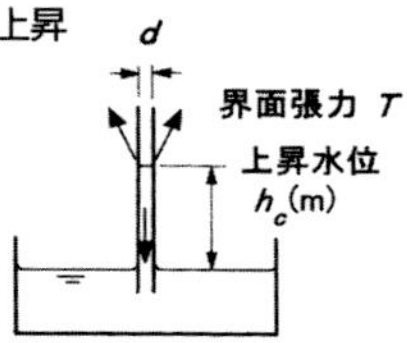

図において、内壁に沿って水を上に引き上げる界面張力の鉛直成分は、円管の場合、

$T \cdot \cos\theta_C \cdot \pi \cdot d$

　ここに　T：界面張力（N/m）

　　　　　θ_C：接触角（°）

　　　　　d：直径（m）

管内に上昇した水の重さは　$\rho_W \cdot h_C \cdot g \cdot \pi \cdot d^2/4$

　ここに　ρ_W：水の密度（kg/m³）

両者がつり合うので

$T \cdot \cos\theta_C \cdot \pi \cdot d = \rho_W \cdot h_C \cdot g \cdot \pi \cdot d^2/4$

$\therefore \quad h_C = 4T \cdot \cos\theta_C / (\rho_W \cdot g \cdot d)$ ……式 3・4

幅dの平行な 2 面の隙間の場合は、壁の単位長について考えれば、

$2T \cdot \cos\theta c = \rho_W \cdot h_C \cdot g \cdot d$

$\therefore \quad h_C = 2T \cdot \cos\theta_C / (\rho_W \cdot g \cdot d)$ ……式 3・5

解説 3・4 ひび割れの隙間の透水量 [3]

平行な 2 平面間の層流の流量式は、

$$Q = \frac{b^3 \Delta P}{12 \mu s} \quad \text{……式 3・6}$$

　ここに　Q：流量（m³/m・s）

　　　　　b：2 面の隙間幅（m）

　　　　　ΔP：圧力差（Pa）

　　　　　μ：水の粘性係数（Pa・s）

　　　　　s：流路長さ（m）

ひび割れの隙間は、ひび割れ面の凹凸により、壁厚よりも実質的な流路長が大きくなっているので、幅b（m）、壁厚k（m）のひび割れ部の流量を次式で表すことができる。

$$Q = \frac{b^3 \Delta P}{12 \sigma \mu k} \quad \text{……式 3・7}$$

　ここに σ：ひび割れ面の性状により異なる常数

　実験の結果から逆算したσは、モルタル壁の場合4～14の範囲（平均 7）、コンクリート壁の場合3～16の範囲（平均 9）でひび割れごとの個別差が大きい。

すでに述べたように、ひび割れの形態は基本的には平行な2面で挟まれた隙間です。平行2平面間の層流の流量については、粘性流として解いた理論式があり、流量は隙間幅の3乗に比例、流路の長さに逆比例、圧力差に比例する関係があります。P73解説3・4

壁のひび割れについて当てはめると、隙間幅がひび割れ幅に、流路長は壁厚になりますが、ひび割れの内面は細かい凹凸が連続しているため、流路の長さは実質的にずっと大きいはずです。また、圧力差にはひび割れの入口と出口の高低差（位置水頭）や風圧による内外の気圧差が相当します。

ひび割れを発生させたモルタルやコンクリート板を試験体に用いた透水試験で測定した透水量を平行2平面間流れの理論値と比べると、平均的にモルタルで約1／7、コンクリートで約1／9程度に少ないことが分かりました。これは主にひび割れの凹凸による流路長の延長効果によると考えることができます。

［3］

また、気乾状態の壁のひび割れを対象に、圧力箱方式の試験装置を用いてP154解説6・6水密性の試験をしたところ、ひび割れ幅による長短の違いは

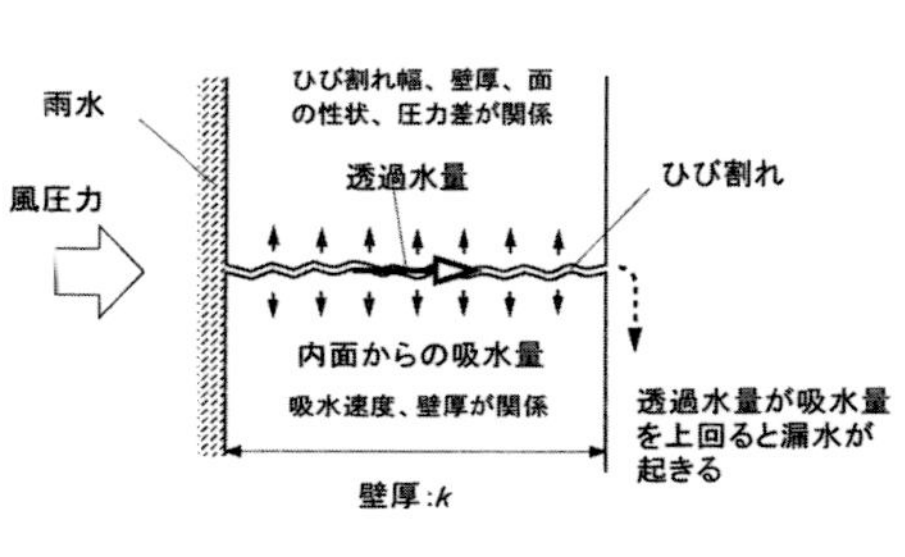

図3・13　ひび割れからの雨漏り

ありますが、必ずある程度時間が経過してから漏水が発生し、また、ひび割れ幅が一定限度より小さくなると、にじみは見られても漏水は起きないことも分かりました。[4] これは、図3・13に示すように、ひび割れの内部に浸入した水が内面から吸収されるために流出が遅れ、また、幅が一定以上狭くなるとひび割れ幅の3乗で変化する浸水量がごく微量になるため、すべて内面から吸収されて漏水に至らないためと考えることができます。

一般にモルタルやコンクリート壁のひび割れ幅と漏水の関係については、実態調査や実験に基づいて、漏水発生の危険があるひび割れ幅の下限値は、0.2～0.3㎜程度であり、これより狭いひび割れでは漏水の危険はないとされています。ひび割れ内への浸水量と内面からの吸水速度を考慮した計算結果 [5] もこれを裏付けています。P76解説3・5

しかし、この限界値はあくまで気乾状態の厚い壁にあてはまるもので、吸水性の少ない壁、薄い壁にはあてはまらないことに注意してください。

解説３・５ ひび割れからの漏水開始時間 [5]

壁体が吸水性である場合、ひび割れ内の水は浸入当初は全量が内面から吸収されるが、吸水の進行と共に吸水速度が低下して、単位時間の浸水量を下回るようになると漏水が始まる。
１面から吸水する材料の吸水量 q （m^3/m^2）と吸水時間（ t ）の間には一般に式３・８の関係がある。（技術情報２・１参照）

$$q = a'\sqrt{t} \quad \cdots\cdots 式３・８$$

ある時点での吸水速度 V_q は、式３・８を微分して、

$$V_q = \frac{dq}{dt} = \frac{a'}{2\sqrt{t}} \quad これを q を用いて書き直せば、\quad V_q = \frac{a'^2}{2q} \quad \cdots\cdots 式３・９$$

漏出が始まる以前は、ひび割れ内への浸水量 Q はすべてひび割れ両面から吸収されるから、

壁厚を k （m）とすると t （sec）後における吸水量は、 $q = \frac{Q \cdot t}{2k}$

これを式３・９に代入すると、 $V_{qt} = \frac{a'^2 \cdot k}{Q \cdot t}$ ……式３・10

漏水発生の条件は、浸入水量がひび割れ内面の単位時間あたり吸水量を上回ることなので、

$$Q \geqq 2k \cdot V_{qt} = 2\frac{a'^2 \cdot k^2}{Q \cdot t} \quad \cdots\cdots 式３・11$$

したがって、浸水開始から漏出に至るまでの時間 t_l は、

$$t_l = 2\left(\frac{a' \cdot k}{Q}\right)^2 \quad \cdots\cdots 式３・12$$

Qに式３・７を代入すると、

$$t_l = 288\left(\frac{\sigma a' \mu k^2}{b^3 \Delta P}\right)^2 \quad \cdots\cdots 式３・13$$

コンクリート壁を想定し、各種のひび割れ幅について式３・１３で t_l を試算した一例を表に示す。ひび割れ幅が0.2mm以下では t_l が著しく長くなり、実質的に漏水に至らないと考えられる。これは気乾壁体のひび割れの水密試験結果 [5] とおおむね一致している。

ひび割れからの漏水発生開始時間 t_l （sec）の試算値

仮定値 σ=8, a=3×$10^{-5}m^3/m^2 \cdot s^{1/2}$, μ=10^{-3}Pa·s, ΔP=60Pa

ひび割れ幅	壁厚(mm)		
b （mm）	50	100	150
0.1	28800	460800	2332800
0.15	2528	40454	204800
0.2	450	7200	36450
0.25	118	1887	9555
0.3	40	632	3200
0.4	7	113	570
0.5	2	29	149

技術情報 3・1 水路の流速公式で用いる係数

屋根材の谷部や、樋の形状から想定できる水力半径R_hの値の範囲について、解説3・2の式3・3の係数C_cを二つの公式で計算した結果。ただし、水路の壁は最も平滑な条件を仮定した。クッタ公式では勾配iもC_cに関係するが、5寸勾配以下でC_cの相違は1程度の範囲であり、無視できる。

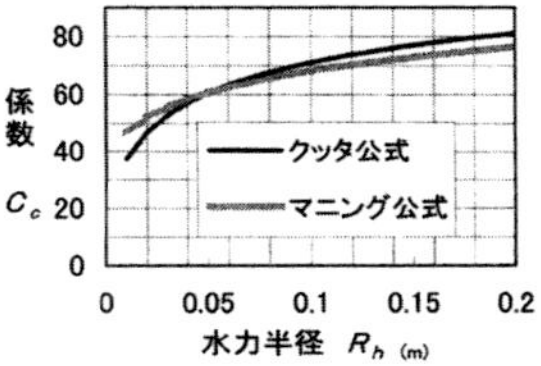

両公式とも似た値になるが、R_hが小さい範囲でクッタ公式、大きい範囲ではマニング公式の値が小さい。一般に流速が遅いほうが危険側なので、R_h=0.05以下はクッタ公式、以上はマニング公式を採用すれば良い。

技術情報 3・2 樋、谷部の流れの計算例

【計算例1】勾配1/100、直径10cmの半丸樋の最大流量

満水時を想定すると

$F=(1/2)\pi\times0.05^2=0.0039\text{m}^2$,　　$L=\pi\times0.05=0.157\text{m}$,

$\therefore R_h=0.0039/0.157=0.025$

技術情報3・1から、$C_c\fallingdotseq50$,

式3・3から

流速　$U_c=50\times(0.01\times0.025)^{0.5}=0.79$ m/s

流量　$Q=0.79\times0.0039=0.0031$ m³/s

【計算例2】 図の断面を持つ折板谷部の流れの深さ

降雨強度200mm／hr、屋根勾配1/100、流れ長さ30mを想定する。

1列の谷が受け持つ流量は幅0.3mの屋根面が受ける雨量Q_e

$Q_e=(200/3600)\times0.3\times30=0.5$ l／s$=0.0005$m³／s

R_hを0.01m程度と仮定すれば、技術情報3・1から、$C_c\fallingdotseq37$

流速　$U_c=37\times(0.01\times0.01)^{0.5}=0.37$m/s

流水断面積　$F=Q/U_c=0.0005/0.37=0.00135\text{m}^2$

これを谷部の断面形状にあてはめれば水深Dが求まる。

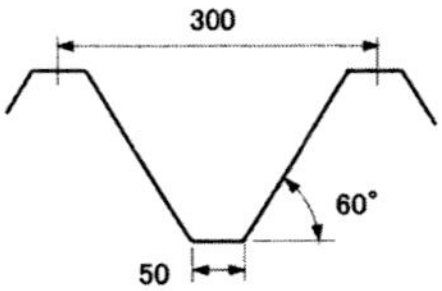

4

雨がかりを減らす

4-1

雨がかりなければ雨漏りなし

雨が降らなければ雨漏りに頭を悩ますことはありません。雨が降っても濡れない場所で雨漏りは起きません。雨水がらみの壁の汚れや材料の劣化についても同様です。

屋根面ではいくら形を工夫しても雨が当たらないようにすることはほとんど不可能ですが、壁面は風下になれば濡れませんし、風上側でも軒下やバルコニーなどの突き出し部分の直下には雨が当たりません。(図4・1)

もちろん雨の降り方はそのつど変化するので、どんな雨でも決して濡れない範囲というのは限られてしまいますが、雨が降るたびに必ず濡れる壁面と、時々しか濡れない壁面では、当然壁面を濡らす雨量や流下する水量が大きく異なります。また、濡れの量より、回数や時間が問題になるような劣化現象や不

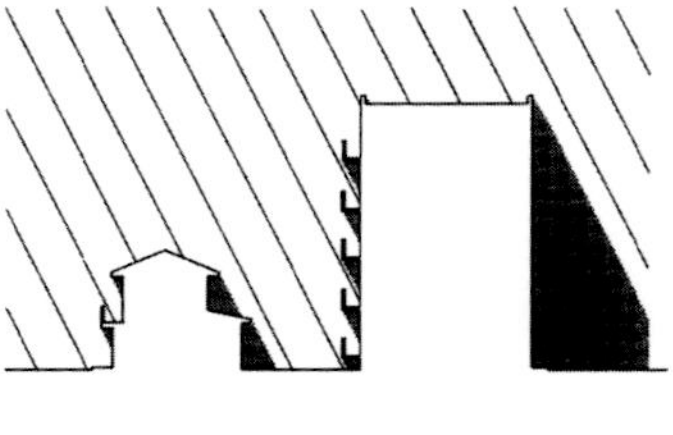

図4・1　建物外表面の濡れ方

具合、たとえば木部の腐朽や、ブロック積みの壁の湿潤などに関しては、雨がかりの頻度自体が重要です。

雨が降れば必ず濡れる屋根面のような部位でも、局部的に多量の雨水が集中する箇所、流れが偏った箇所を作ると漏水の危険が大きくなります。雨水を分散して流す、平均して流すことも、雨がかりを減らすことの一つといえます。

4-2 雨がかりの要因

図4・2は建物外表面を雨水が濡らす模式図です。建物の表面に雨水が到達する経路は、次の3通りです。[1]

① 直接降りかかる雨水
② 表面を伝わって流れる雨水
③ 地面や屋根面から跳ね返る雨水

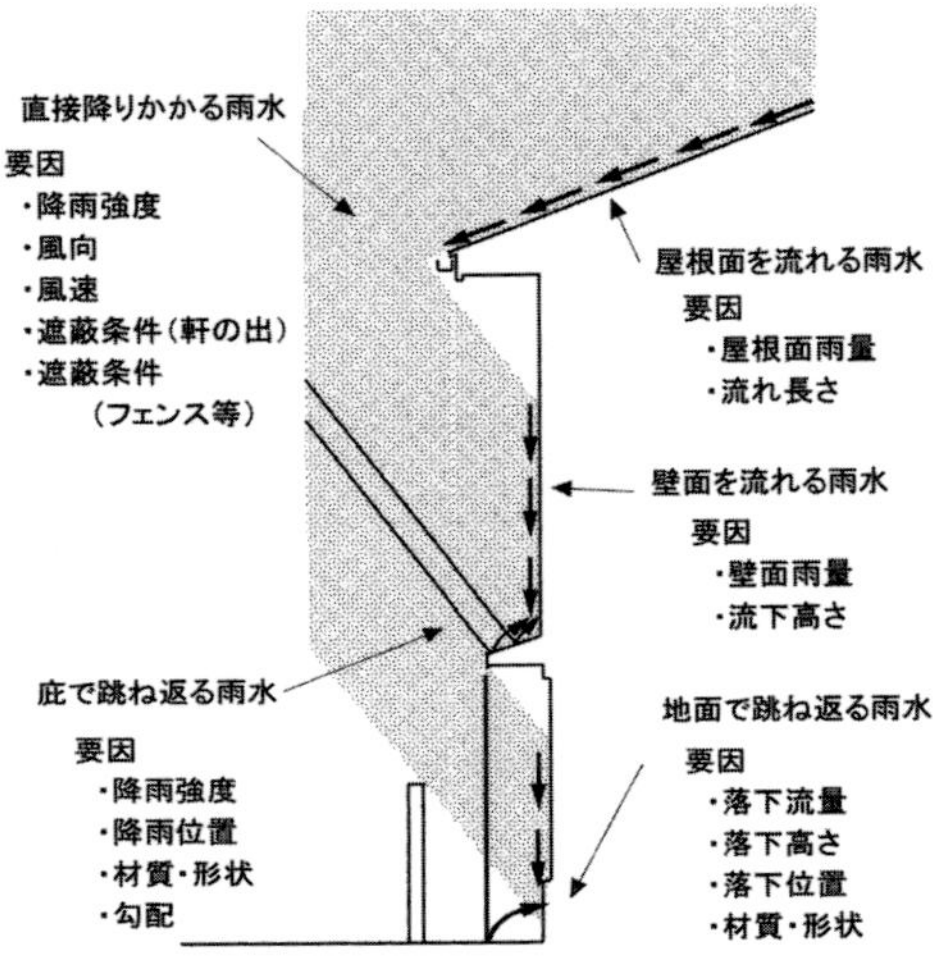

図４・２　雨がかりの経路と要因

これらによる雨がかり負荷（濡れの程度）にはどのような要因が関係するのでしょうか。

①による雨がかりには、降雨強度のほかに風向きや風速などが関係してくることはもちろんですが、軒や庇、手すり壁やフェンスなどによる遮蔽条件によ

っても負荷に差が生じます。

②と③は、間接的な経路による雨がかりで、直接雨が降りかからない位置でも雨がかりになることが問題です。②に関しては、雨水を集める部分の面積とその部分が受ける雨量で負荷が決まります。屋根面や壁面上で雨水が平均に下方に流れると想定できるときには、面積に代えて流れ長さや流下高さを用いることができます。

③による雨がかりに関しては、まず跳ね返る雨水が直接地面や屋根面に降る雨なのか、軒先や庇から滴下する雨水なのかで違いがあります。軒樋が付いている建物では、前者の跳ね返りが主体になりますが、軒樋がなく、屋根面の流下水が落下する場合は軒先流量と落下高さが問題で、流量に関しては②と同様の要因が関係することになります。また、落下形態がどちらの場合も、跳ね返り面の材質、面の形状、雨水の落下位置が濡れに関係します。

図4・2から読みとれるように、建物表面には異なる経路による濡れが重複する箇所もあり、これらの箇所は当然のことながら、他の部分に比べて雨がかり負荷が大きくなります。

4-3

軒、庇の雨がかりを防ぐ効果

1　雨がかり遮蔽角

吹き降りの雨が壁面に吹き付けるとき、屋根の軒先、庇、バルコニーなどの突出部分の直下には、風の強さに応じて濡れない部分が残ります。

2章4節「driving rain」で述べたように、吹降りのとき、雨滴は風速と雨滴自体の落下終速度の合成方向に落下します。このことをもう一度図4・3で示します。極端に風が強くなく、また、風の回り込みがおきる壁面の周辺部を除けば、雨滴は大体落ちてきた角度のまま壁に当たると考えられます。すなわち、風が弱く、雨滴の落下が速いほど雨滴は垂直に近い角度で壁に当たり、突出部分の下の濡れない範囲は広くなります。

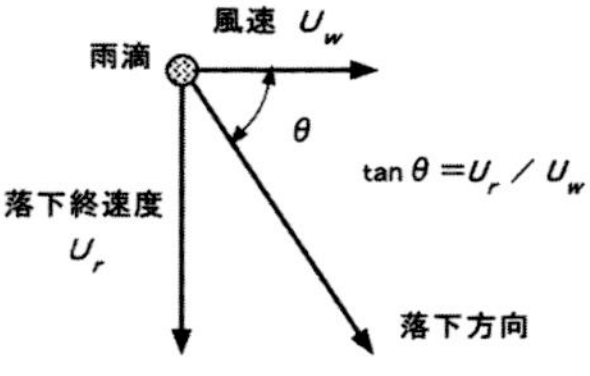

図4・3　降雨の傾斜

写真4・1　窓水切り下壁面の雨がかりの状況　濡れる部分と濡れ残る部分の境界がはっきりしている

ところが、これも2章で述べたように、一雨に含まれる雨粒の大きさは一様ではなく、雨滴の落下終速度は粒の大きさによって数倍も異なるため、同一風速の下でも雨滴はまちまちな角度で壁に当たることになり、突出部分の遮蔽効果を定量的に表すことは不可能に思えてきます。

ところが、吹降りの日に壁に雨が当たって庇や窓下の部分が濡れ始める様子（写真4・1）を観察すると、雨で濡れる部分と濡れ残る部分の境界はかなりはっきりしていることが分かります。これは一つには図4・4に示すように、遮蔽角が小さい小粒の雨滴がもたらす雨量は、大粒の雨滴のもたらす雨量より大幅に少ないため、実質的な濡れ範囲はある程度以上の寸法の雨滴の降下角 θ_s で決定されるためと考えることができますが、最近の計算流体工学を用いた建物周辺の雨滴の運動に関する研究によると、慣性力の小さい微細な雨滴はほとんど壁面に達しないことも明らかになっています。[2]

θ_s を突き出し部の雨がかり遮蔽角と呼ぶことにすると、図4・3から明らかなように $\tan\theta_s$ の値は降雨時の風速に逆比例します。このことを式4・1のように表してみます。C_s は雨滴の落下速度に対応するものですが、各種寸

式4・1

$$\tan\theta_s = C_s / U_w$$

ここで、θ_S：雨がかり遮蔽角
U_W：突出部地上高さ位置の平均風速（m/s）
C_S：壁面内の位置によって異なる常数

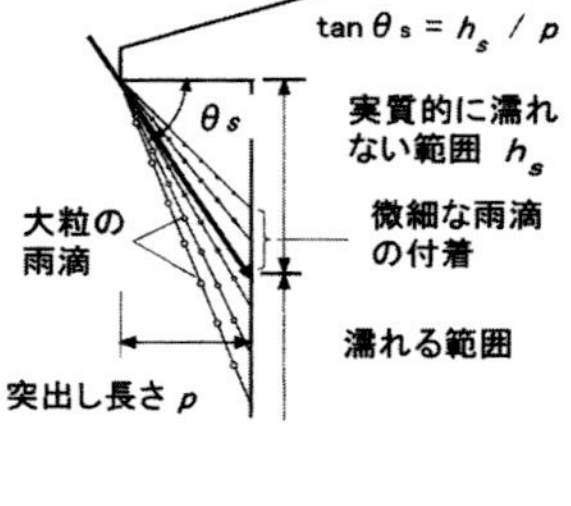

図4・4 雨がかり遮蔽角

法の雨滴から構成される降雨全体について雨がかりを評価するため、ここでは常数とします。

また、壁面の最頂部や両端部では気流の回り込みが生じるため、雨滴の運動はそれ以外の中央部とは異なってきます。壁面の外縁部が中央部に比べて雨当たりが強いことは、壁面雨量の実測でも明らかにされていますし、日常的な観察でも知ることができます。垂直面雨量の計算式から明らかなように、雨当たりが強いことはとりもなおさず降雨の傾斜角θが小さいことを意味しますから、外縁部の雨がかり遮蔽角が小さくなることは当然です。(写真4・1参照)式4・1でU_Wには壁面位置によらず一定の値を用いるなら、C_Sの値を壁面内の位置によって変える必要があります。

このC_Sの値を知るには、吹き降りの度に突出部分の下の濡れ範囲を計測し、風速との関係を整理すればよいわけですが、長期間、継続的に観測をする必要がある上に、濡れの測定にも難しさがあり実行は容易ではありません。ところで、ある程度経年し、どちらかというとメンテナンスが行き届いていない建物の壁面には、雨がかり遮蔽角を知るための絶好の手がかりが残されています。

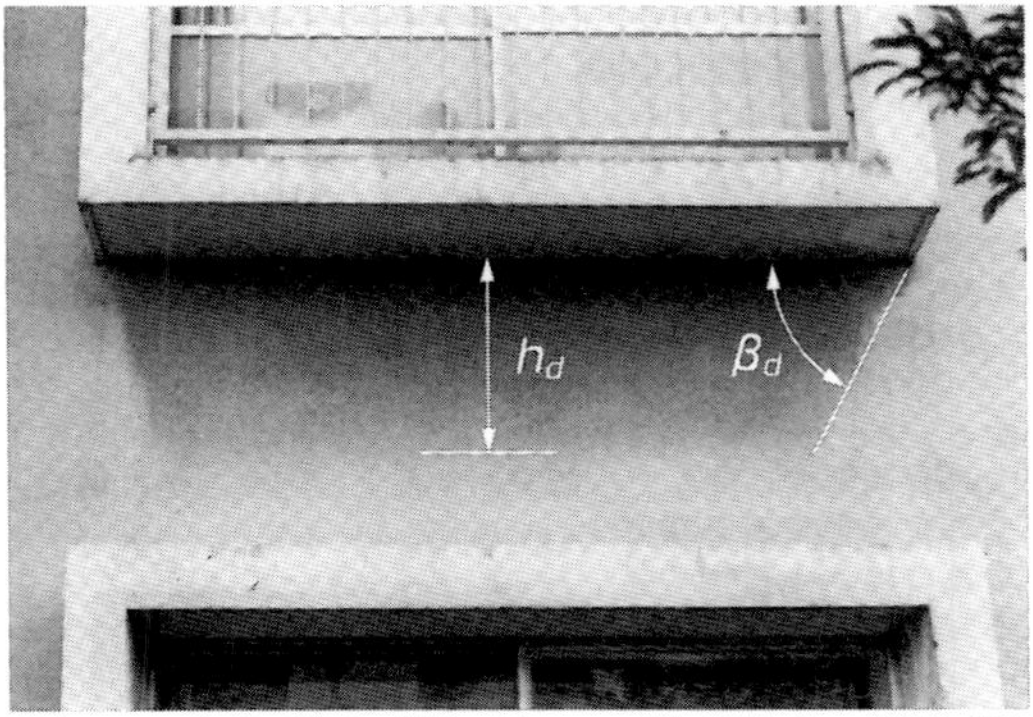

写真4・2　出窓下壁面の汚れパターン　雨で濡れない部分に汚れが残っている

写真4・2、写真4・3はその一例ですが、突出部下の壁面に長年付着したほこりが、雨がかりとなる部分だけが洗い流され、雨がかりにならない（あるいは頻度が少ない）部分だけに残ったことによってできた特有の汚れパターンを示しています。一見日影のようにも見えますが、その形状や撮影条件から違うことがすぐ分かります。

汚れ範囲の高さ h_d と突き出し長さ p の比（h_d/p）、あるいは汚れパターンの両サイドの傾斜角 β_d のtan値（tan β_d）は、そのまま図4・4のtan θ_s に対応することになります。そこで、このような汚れパターンが残っている建物壁面をいくつか実測調査して得られたh_d/p値、tan θ_d 値について検討すると、地上高さが増すほど、また同一壁面内では外縁に近づくと値が小さくなる傾向が見

写真4・3　けらば直下の壁面の汚れパターン

（注）日影のように見えるが写真は逆光で撮られている。

解説4・1　雨がかり遮蔽角算定式の常数の誘導 [4]

式4·1を書き換えると

$C_S = U_W \times \tan\theta_S$ ……式4・2

技術情報4・1に実測値を示した汚れ域形成角h_d/p、$\tan\beta_d$は$\tan\theta_S$に対応する。汚れ域が形成されている壁面の方位と高さに対して、雨を吹き付ける降雨時風速の最大値U_dが分かれば次式からC_Sの値を概略決定できる。すなわち、

$C_S = U_d \times h_d/p$ ……式4・3　または　$C_S = U_d \times \tan\theta_d$ ……式4・4

この場合、想定するU_dの再現期間に関して、雨がかりによる明瞭な汚れ域境界の形成にはある程度の洗浄頻度が必要である一方、ほこりの堆積にはある程度の年月がかかることを考慮し、再現期間を3年*と仮定する。

汚れ域の実測値が得られた壁面の方位は大半が北面であったので、調査時点の直近の3年間について東京測候所の観測記録から1mm以上の降雨があった時間の平均風速（風速計地上高さ：52.2m）を風向がN－E、N－Wの範囲に限定して調査したところ、最大値は15m/sであった。このためU_dは次式によって求めることとした。

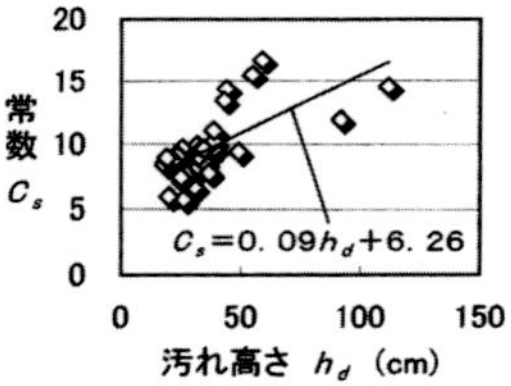

$$U_d = 15 \times \left(\frac{H}{52.2}\right)^{0.25}$$ ただし、H：汚れ域の地上高さ（m）

技術情報4・1の中層建物の汚れ域形成角のうち、$\tan\beta_d$による算出値は遮蔽角が過大になるため、h_d/p 値を用いて式4・3でC_Sを求め、最大17.7、最小10.5、平均14.4を得た。

低層建物について同様に式4・3でC_Sを求めた結果は図のようになり、汚れ高さh_dとの間にある程度の相関性が認められる。従って軒下1m程度の範囲の壁面については軒先から測った鉛直距離hに応じて常数C_Sの値を変化させることが適当と考えられる。ちなみに図中の回帰式にh_d=0,100を代入するとC_S=6.3、15.3を得る。

C_Sは算出の根拠や応用面から考えてあくまでも平均的な値である。また、壁面内の水平方向での汚れ域形成角は、壁面の両端部では中央部分より小さくなることが分かっているので、端部から1mの範囲についても軒下部と同様の扱いをすることとした。

以上を総合して実用的に簡便な次式で常数C_Sを求めるものとした。

C_S=0.09e＋6　（0≦e≦100）……式4・5

C_S=15　（100)≦e)

ただしe：壁面の外縁からの距離（cm）

*文献［4］では、再現期間をより短く仮定して同様の検討を行っている。このため、常数C_Sはより小さく（遮蔽角として安全側に）提案されている。今回、壁面雨量の実験式2・7の常数Cとの整合性を考慮し、新たにC_Sの値を再提案した。

られました。[3] 章末技術情報4・1

このことは平均風速が大きい位置ほど、また、外縁部ほど θ_s が小さくなるとする式4・1の関係を裏付けるものであり、h_d/p 値、$\tan\theta_d$ 値が常数 C_s を決める手がかりになることを示しています。

詳細は88ページの解説4・1に示しましたが、これらの壁面に汚れ範囲を形成する原因となった濡れをもたらしたと考えられる降雨時最大平均風速（3年間）を過去の気象記録から調べ、その風速の高さ補正値を用いて式4・1の C_s を逆算したところ、軒の直下など壁面の周辺部では6から15、これを除く中央部ではおよそ15という値が得られました。

θ_s を壁面に衝突する雨滴の鉛直角と読み替えると、壁面雨量と水平面雨量の関係を示す式2・7の係数 C は C_s の逆数に相当するので、6～15という C_s の値は C としては0.17～0.07にあたり、既往の壁面雨量実測で示されている値とほぼ一致します。

このことから式4・1で平均的な雨がかり遮蔽角を求める際の C_s を壁面の周辺位置（外縁から1mの範囲）では位置に応じて6～15の範囲、これより内側の位置では一律に15としました。たとえば、軒下1mの位置では式4・1で$C_s=15$とおくと、平均風速5m/sを想定する時、$\tan\theta_s=3$となり、この部分が濡れないためには軒の出が330㎜必要ということになります。同様に平均風速10m/sに対して濡れないためには$\tan\theta_s=1.5$となり、軒の出は670㎜必要となります。

このような数字を見ると、少しくらい軒の出があっても、壁面の濡れ防止にさほど効果はないように思えるかもしれませんが、それは大きな誤りです。2章7節「風雨の同時性」で述べたように、降雨時の風速の出現度を調べたデータによると、強風を伴う降雨の時間は全体の降雨時間に対して限られたものです。たとえば東京の場合、時間雨量3㎜以上の全降雨時間のうち、平均風速5m/sを超えない時間が約50%、平均風速10m/sを超えない時間が約93%に及んでいます。(図2・13参照、この風速は地上52mでの測定値なので、通常の建物壁面位置ではもっと低くなります)

U_Wが小さいほど$\tan\theta_s$は大きくなり、濡れない範囲は下方まで広がります。軒や庇がない壁面では、風下側にならない限り雨が降るたびに必ず濡れてしまうことを考えると、適切な位置に設ける軒の出、庇が壁面の雨がかりを大幅に減らすことに役立っていることが分かります。低層の建物で軒の出を十分に大きくとった場合、よほどひどい吹降りでない限り、ほとんどの壁面は雨で濡れることはありません。このような範囲の壁面は、たとえひび割れや隙間などの防水上の欠陥が存在しても雨漏りの危険はまずないことになります。

2　突出部の濡れ保護範囲

吹降りが壁を濡らすときの風向は一定とは限らないので、ある突出部について一定の遮蔽角を想定した場合でも、図4・5に示すように壁面と浅い角度をなして吹き付けるときの濡れ範囲は両サイドから内側に入り込むことになります。また、突出部の下縁が水平でなく、切妻屋根のけらばのように傾斜している場合は、特定の方位から吹き付ける場合に最も上方まで濡れることになります。

この関係はちょうど日影図と同じように考えることができますが、違うのは

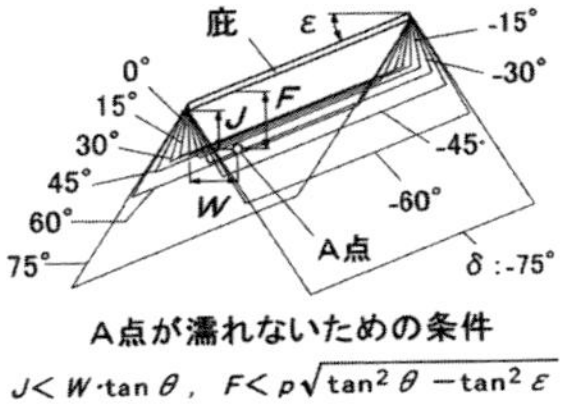

[5]図4・5　庇下壁面の濡れ範囲

風下側で突出部によって遮蔽される範囲も、上方から流下する雨水で濡れてしまうことです。遮蔽角（言い換えれば突出部をかすめて壁面に衝突する雨滴の傾き）θが一定で、降雨の方位角が壁面に対して０度から１８０度まで変化したときに濡れ残る範囲（濡れ保護範囲）は、突出部の出の寸法pと傾斜度εを用いて幾何学的に式で表わすことができます。図４・５には単一庇の場合を、図４・６にはけらばの場合の式を示しています。[5]

しかし、実際の建物壁面における壁面雨量の観測を通じて、降雨の方向角と壁面のなす角度が小さくなるにつれて雨滴が壁面に当たりにくくなる傾向が見られ、風向によらず遮蔽角を一定と見なすことが必ずしも適当でないと考えられます。図４・５、４・６の濡れ領域は最も危険側を示し、実際の濡れ保護範囲はもう少し広がると考えられます。

3　軒下壁面の濡れ頻度と雨量

軒の出の雨がかり低減効果は、１回の降雨での濡れの有無ではなく、ある期

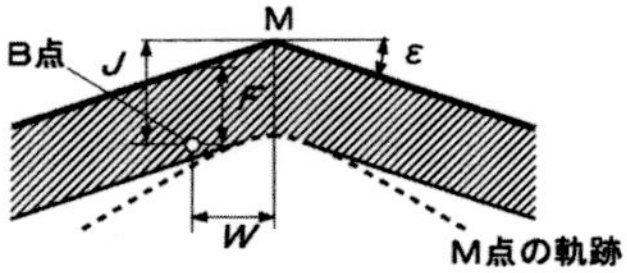

B点が濡れないための条件

$$J < \tan\theta\sqrt{W^2 - p^2} \quad \left(W \leqq \frac{\tan\varepsilon \cdot p}{\sqrt{\tan^2\theta - \tan^2\varepsilon}} \right)$$

$$F < p\sqrt{\tan^2\theta - \tan^2\varepsilon} \quad \left(W > \frac{\tan\varepsilon \cdot p}{\sqrt{\tan^2\theta - \tan^2\varepsilon}} \right)$$

図４・６　けらば下壁面の濡れ範囲[6]

間を通じての壁面各位置の濡れ頻度の低減としてとらえる時にはっきりします。図4・7は降雨時風速による軒下壁面の濡れ方の違いを説明しています。この図から同一軒の出の壁面では上方ほど濡れ頻度が低く、下方ほど高いこと、また、軒の出が大きくなると、同じ壁面高さ位置の濡れ頻度が低くなることが容易に理解されます。

図4・8　低層建物壁面の雨がかり負荷計算例［6］

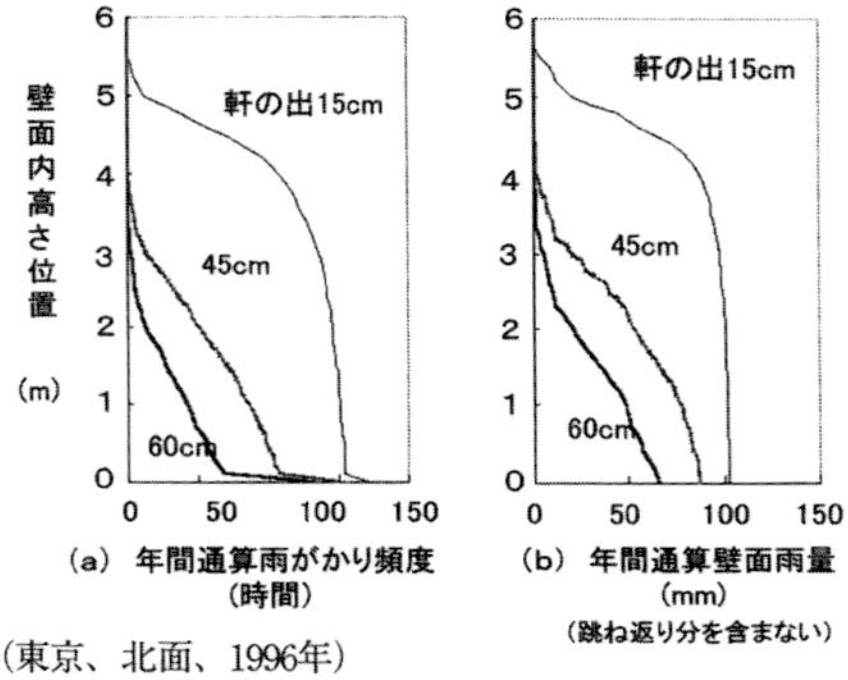

（東京、北面、1996年）

図4・8(a)は公表されている毎時の気象記録（気象庁地上気象観測日報等）をもとに、前項で述べた降雨時風速と遮蔽角の関係を用いて、2階建て建物の軒下壁面の高さ別年間濡れ頻度（時間数）を計算した一例です。軒の出が15cmでは保護効果は軒下部分に限られますが、軒の出が45cm以上では壁面全高に及ぶことが分かります。しかし軒の出が大きくても地表面付近では雨滴の跳ね返りによる濡

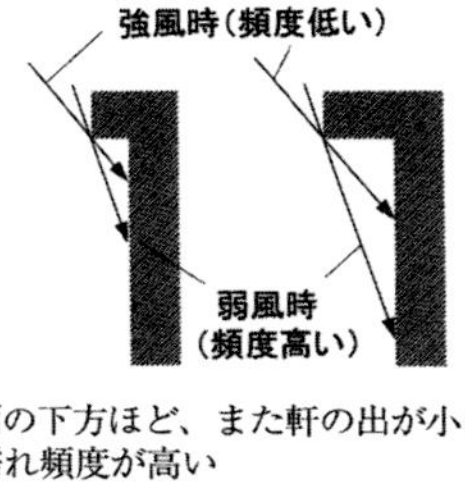

図4・7　軒下壁面の濡れの傾向

壁面の下方ほど、また軒の出が小さいほど濡れ頻度が高い

れ機会が多いことも分かります。

図4・8（b）は毎時の降雨量、風速、風向から式2・7を用いて、壁面各部の壁面雨量を計算し、通年の累計値を求めたものです。ただし、Cの値を軒下1mまでの範囲は0.1、それ以下の範囲については一律0.07として計算しました。軒の出は壁面雨量の総体的な低減にも大きく貢献していることが分かります。[6]最近低層住宅でも、敷地が狭くなってきたこと、洋風デザインへの志向などが理由と思われる、軒の出がほとんどない設計を見かけますが、このような建物では雨が降るたびに壁面が（ただし雨を受けない風向きのときを除く）上から下まで濡れることになります。

かつてG.K.Garden氏は「雨漏り発生の必要条件は『表面に雨水があること』『雨水が浸入する孔があること』『浸入させる力が働くこと』の三つであり、このうちどれか一つでも取り除けば雨漏りは起きない」と述べました。[7]これは雨漏り防止設計の原則として今でもしばしば引用される名言です。軒の出のない家は防雨の三要件の一つ、「雨がかりさせない」を最初から放棄し、壁面上に防水上の欠陥の存在が一切許されない厳しい路を選択していることになりま

写真4・4　軒下に設けられた小庇（高知市内）

す。

写真4・4は多雨・強風地域である高知県の伝統的家屋の外観で、軒のすぐ下に小庇と呼ぶ瓦葺きの庇があるのが特徴です。小庇の直接の働きは、開口部への日差しや雨の降り込みを防ぐことですが、瓦葺きであること、軒の直ぐ下に設置されていること、開口部上部だけでなく、壁面の幅一杯に設けられることを考え合わせると、その形態の持つ意味は屋根の軒部を2段に分割したものと解釈できます。すなわち、小庇を付けることで、吹降り雨に対して同じ保護効果を得るために必要な軒の出を小さくすることができ、結果的に屋根の耐風性を高めているわけです。また、この地方の民家では一般に建物の平側1階部分は下屋としてここにも軒の出を設けています。このように軒下壁面高さを小さく分割することによって、強風を伴う降雨に対する壁面の濡れが低減できることも図4・8のデータが物語っていることです。

4-4

雨水の集中を避ける

雨が降れば必ず濡れてしまう屋根でも、雨がかりについて考える必要はないとはいえません。それは屋根葺き材や樋の構造が、平均に供給される雨水を前提にしているため、特定の位置に多量の雨水が集中したり、偏った流れ方をするようなことがあると雨漏りの危険が増すためです。雨の降り方は局地性があっても、建物程度のスケールではまず平均的といえるので、雨水の集中や偏りを生ずるのはそれを受ける面のほうに原因があります。

多少建築をかじった者であれば誰でも、屋根形状の常識としてできるだけ谷を作らないことが望ましいとされていることを知っています。それは谷には雨水が集まってくるからですが、それだけではなく、落葉、ゴミなどが溜まって流れが阻害されると、水位が上昇して屋根材との取合いから溢れ出す恐れが大きいためです。このように、建物が正常に機能している状態ばかりでなく、使用中に起こりうる不測の事態や経年後の材料劣化を想定して設計することが、雨仕舞では特に重要ですが、ここでは設計の当初から見落とされがちで雨水の局部的な集中や偏りが起きやすい箇所をいくつか挙げておきます。

図4・9(a)のような重層屋根では、軒樋がなければ上の屋根の軒から落ちる雨が下の屋根面に落ちます。上の屋根が大きく、落下高さが大きいほど、多量の雨水が勢いよく一カ所に集中して当たるため、雨漏りの危険が大きくなります。屋根に軒樋を付けないことが多い寺社建築では昔から雨落ち部分の雨漏りによる野地や小屋組の腐朽に悩まされています。写真4・5は長崎にある崇福寺の門ですが、雨落ち部に敷いた平瓦がこの問題を物語っています。おそらくこの瓦は葺き替え時の屋根屋さんの工夫で、最初からあるものではないと思われます。

軒樋を付ければこの問題は解決ですが、その場合も上階屋根の縦樋が下屋の屋根面に降りてくるところでは図4・9(b)のように這い樋で軒まで導き、屋根面に直接流さないようにするのが原則です。雪国や山間地では雪の重さによる

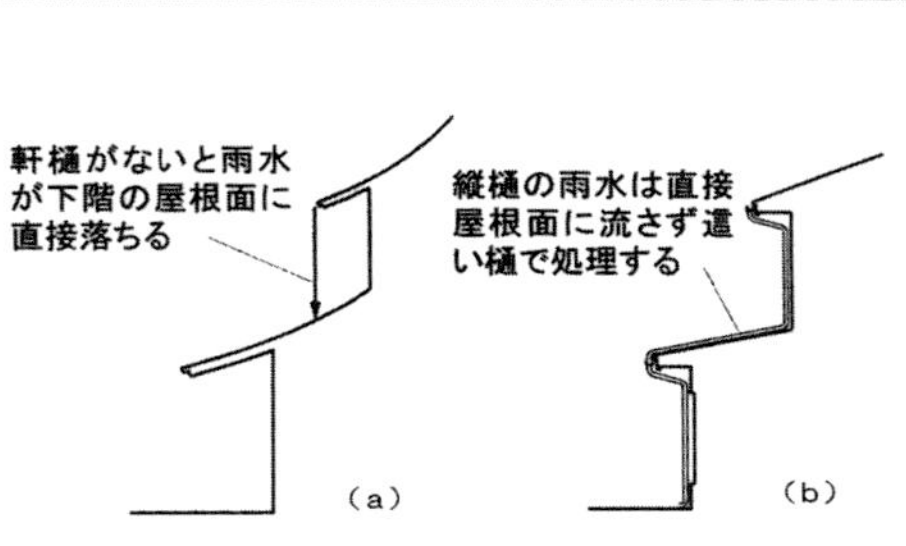
軒樋がないと雨水が下階の屋根面に直接落ちる
(a)
縦樋の雨水は直接屋根面に流さず這い樋で処理する
(b)

図4・9 重層屋根の上階屋根面雨水処理

破損や落ち葉の詰まりが起きるために、屋根に軒樋を付けないのが一般的ですが、このような地域では、このような屋根形態を避けるか、雨落ちによる雨漏りの危険が少ない屋根葺き構法を選ぶことが必要です。

樋には多量の雨水が集まります。木造住宅の専門家は、建物外回りで構造体の劣化が集中する箇所の一つに、縦樋の破損箇所を挙げています。それはこの箇所が降雨のたびに濡れ、雨水が取付け金物の貫通箇所の隙間やひび割れから壁内に浸入して壁内の木材が常時劣化しやすい環境におかれるためです。破損がなくても、縦樋から落ちる水を不用意に屋根面やベランダに流し放しにすると同様のことが起きる恐れがあります。

写真4・5　上階屋根の軒先雨落ち部に敷いた瓦
（長崎市、崇福寺）

図4・10は上階の大きな壁面につながっている屋上です。このような屋根面の排水設計では、想定する流量に、風向きによって壁面に当たる分の雨を加えることを忘れてはなりません。一般に受け持ち屋根面積に壁面積の50％を加えるなどの対応がなされているようですが、特に強風雨を受ける機会が多い建物では、壁面の受水風向に関する壁面雨量の極値を調べて流量を決める必要があります。

また、折板葺きの屋根で流れ方向に沿った壁際では、図4・11に示すように、壁に当たった雨はすべて一つの谷に流れ込むので、他の谷部より流水断面が大きくなり、溢水する危険があります。大きな屋根ではいくつかの谷に分散して流入するように雨押さえを設計することも必要です。

谷樋の部分も雨水の集中や偏りで問題が起きやすい部分です。流れ長さが非常に大きい屋根で、谷に向かって流れる水の勢いが強すぎて、水が谷樋底に落ちず、反対側の立ち上がりを直撃して納まりの隙間から漏った事例も報告されています。谷の両側の屋根の勾配や流れ長さが違う場合も、流速差で水が谷の片側に寄って流れるため、対策が必要です。

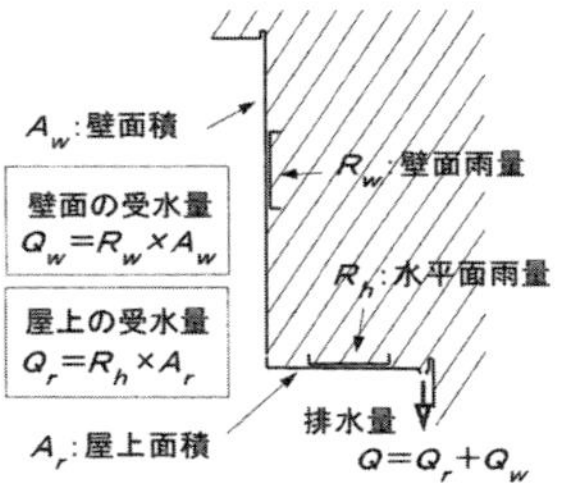

図4・10　上階壁面に連続した屋上の排水負荷

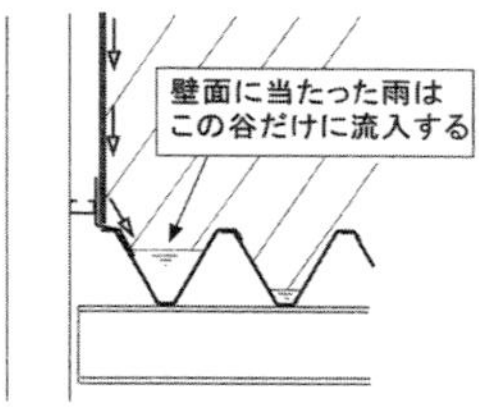

図4・11　壁際折板谷部への雨水集中

4-5

跳ね返り雨水の影響

夕立など、雨足が強いときに地面や屋根面に雨が当たる様子を見ていると、しぶきが驚くほど高く跳ね返ることに気付きます。この跳ね返るしぶきの雨仕舞への影響は、次の二つです。

一つはしぶきが直接外装材の重ね部や納まり部の隙間から飛び込むことです。写真4・6は高い位置から落とした水滴が、水膜で覆われた平らな面に衝突した瞬間を高速度シャッターで撮影したものですが、、落下点から放射状に斜め上方へしぶきが飛ぶ様子が分かります。したがって、屋根面での雨のしぶきは瓦の重ね部のような比較的大きな隙間では、かなり奥まで入り込み、また、棟包み板や雨押さえの端部が屋根面から浮いている箇所でも裏面の濡れの原因になります。隙間に飛び込むしぶきは量としては少ないのですが、雨が長時間続く

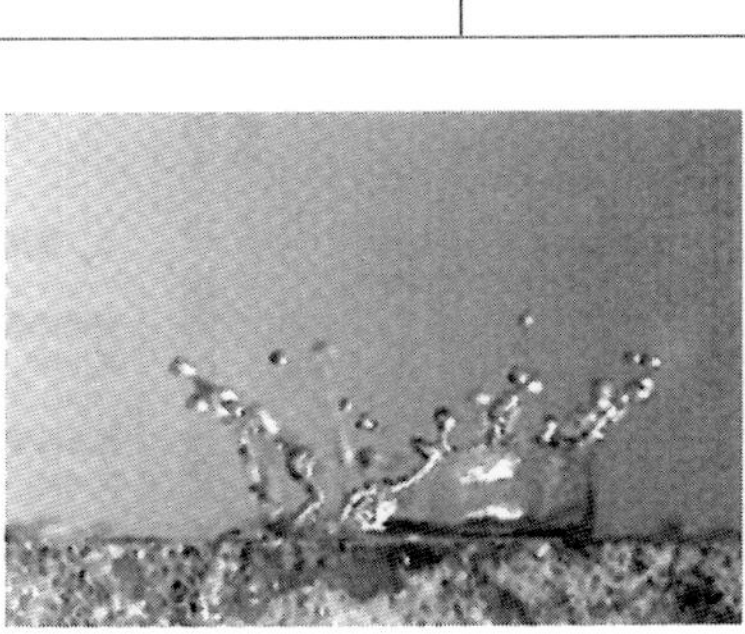

写真4・6　濡れたコンクリート面で跳ね返る水滴

と内面に付着したしぶきが大きな水滴に成長し、自重で動き出して内部にまとまった量の浸水を引き起こす原因になります。しぶきの飛び込みを防ぐには、大きな隙間ができないように部材を密着させればよいのですが、そうすると逆に毛細管現象で水を引き込む恐れが大きくなります。対策として外装材表面の形状や材質をしぶきが飛びにくいようなものにすることも考えられますが、意匠面からの制約もあるのでむしろ内面に付着した水が排出処理されやすく、内部に入り込まない部材形状や、下地構成を考えるべきでしょう。

図4・12　跳ね返り雨水による壁面足元の濡れ［9］［10］

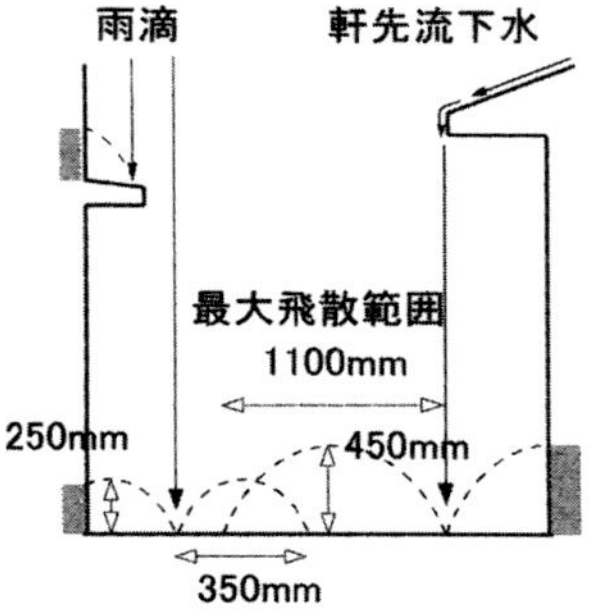

もう一つの影響は、雨水の落下点近くにある壁面の足元部の濡れです。図4・12に示すように、地面や庇の上に直接降る雨、あるいは軒樋のない屋根から流下する雨水の跳ね返りによる壁面足元部の濡れは、雨滴が直接壁面に到達しない条件でも起こるので、これらの部分の濡れ

頻度は上方の部分よりずっと高くなります。建物基礎回りや、庇の直上の壁面に黒ずみやコケの付着が見られたりするのは、これを物語っています。

図4・12に示す二通りの跳ね返りのうち、飛散範囲が広く、量も大きいのは当然のことながら軒先流下水のほうです。写真4・7のログハウスは築13年未満の別荘建築ですが、ベランダに面した壁のログ材の下から4段ほどが黒く変色しているのが見えます。この範囲のログ材は辺材部分が腐朽しており、その上方の木材は全く健全です。原因は軒先から落ちる雨水や雪解け水がベランダのウッドデッキに跳ね返ってつねに壁面足元部を濡らすため、この部分のログ材は季節によっては乾燥する間がなく、腐朽に好適な含水条件が長時間継続したためと推定されます。ログハウスでは木材の薬剤処理が行われず、基礎より高い位置に作られたベランダ面が雨落ちになるという悪条件が重なったため顕著な被害を招いたものですが、跳ね返り雨水が壁体や躯体の劣化をもたらすことを示す事例といえます。[8]

軒の出を大きくとり、落下点を壁から遠ざければ跳ね返る雨水は届きにくくなります。落下高さ2.5mで行った実験の結果によれば実質的に壁面に軒先流下水

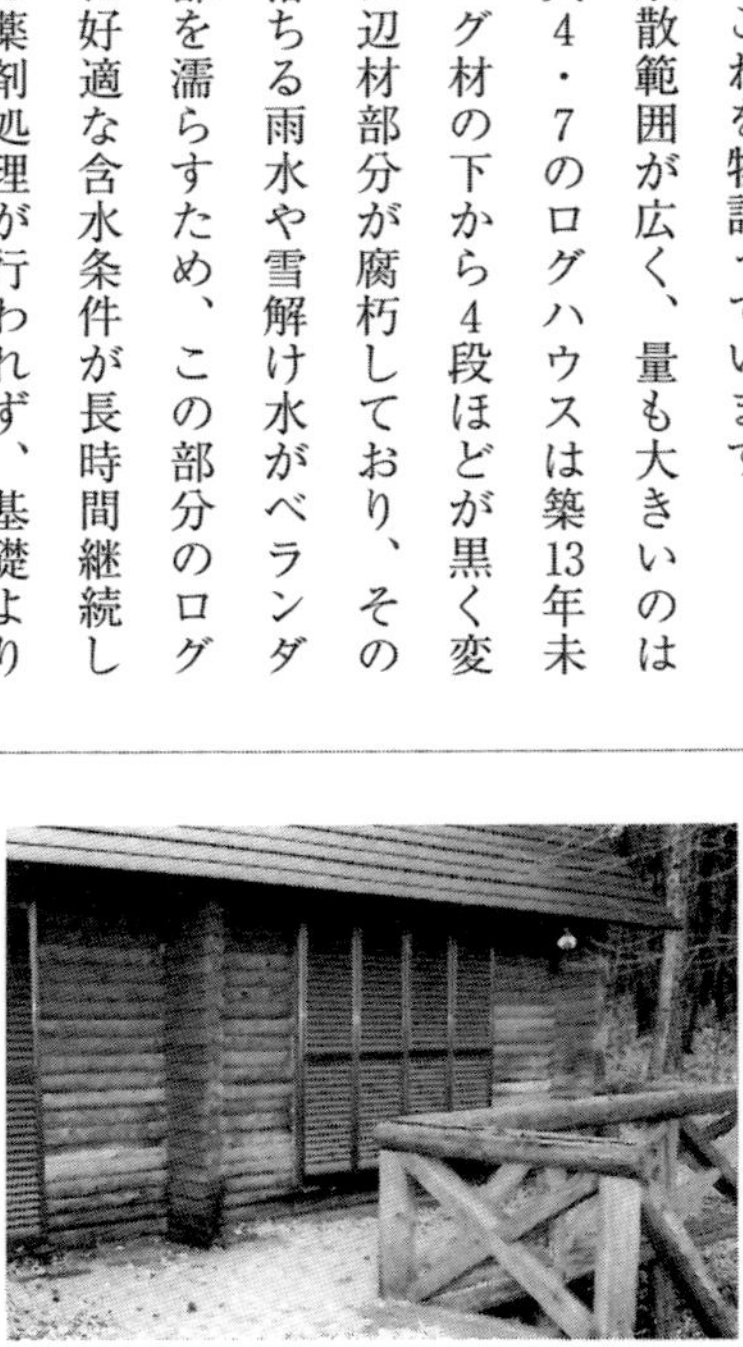

写真4・7　軒先から落ちる雨水の跳ね返りで腐朽したログハウス外壁の足元部[8]

の跳ね返りが及ぶ範囲は、水平距離で最大1.1m、最大高さは水平距離50cmにおける45cm程度であることが分かっています。また、壁面の位置ごとの跳ね返り雨量が、おおむね流下水量に比例、落下点からの距離、高さに反比例することも明らかになっています。[9]

写真4・7のログハウスの軒の出は推定60cm程度ですが、あと50cmあれば、足元部の腐朽は起きなかったことになります。

直接地面に降る雨滴の跳ね返りについても実験が行われていますが、時間雨量60mmの強い雨を想定した場合でも、壁面に跳ね返りが及ぶ範囲は、降雨範囲の境界からの水平距離で最大35cm、最大高さは水平距離10cm以内における25cm程度と、軒先流下水の場合に比べるとかなり狭くなっています。また、軒先流下水の場合と同様に、壁面の位置ごとの跳ね返り雨量には、おおむね雨量に比例、落下点からの距離、高さに反比例する関係が見られます。[10]

また、いずれの形態の跳ね返りについても、跳ね返り面の材質や表面の形状によって大きな差が認められます。跳ね返りにくい表面としては軟質で表面に凹凸があるものがよく、中でも人工芝は極めて有効です。しかし、水溜まりができると効果はなくなります。雨落ち部に外向きに勾配を付けても跳ね返り雨量は減少しますが、犬走り部の水勾配程度では2割減程度にとどまります。

技術情報４・１ 雨がかりによる壁面汚れパターン形成角の実測値 [3]

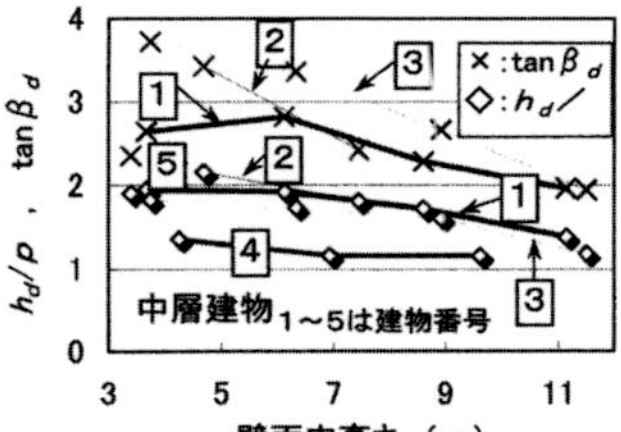

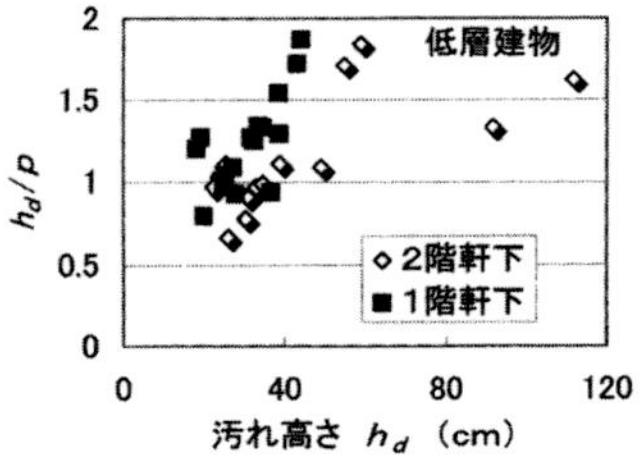

写真４・２、４・３のような汚れのある壁面の実例（東京都内の中層建物５棟、低層建物21棟）について、汚れ高さと突き出し寸法の比（h_d/p）、汚れパターン斜辺の勾配$\tan\beta_d$を実測したデータ。

中層建物の出窓下汚れは、h_d/p、$\tan\beta_d$ともに壁面内高さが増すほど減少している。また同一位置でも$\tan\beta_d$よりh_d/pの値が小さい。低層建物の軒下汚れはh_dが小さいほどh_d/pが小さく、外縁に近い部分ほど水平に近い角度で雨がかりが生じている。

5

水を切る

5-1

水切りとは

「水切り」という語は、一般的に水の流れを中断するという意味で使われるので、建物外回りの納まり図面には、いろいろな形状や役割の「水切り」部材が登場します。この中には他の部材と部材の隙間に挿入し、水の移動を止めようとする目的のものもあります。たとえば、「土台水切り」はその代表例です。

しかし、本章では「水切り」を次のように定義して、その雨仕舞上の効用と設計のポイントについて述べていきます。

「部材の表面形状・寸法の働きで、外装材表面の水の流れを不連続にすること」＊

外装部材の表面を流れる水は、部材面の下端部に来ると面に沿って回り込む傾向があるので、水が伝わって欲しくない箇所の手前に有効な水切りを設ける

＊　本章で扱う意味の「水切り」を英語では“drip”（水を落とす）と呼ぶ。ちなみに土台水切りのような部材は“flashing”と呼び分けられるので、混同の恐れがない。

ことが雨仕舞の基本です。

3章で述べたように液体と気体、液体と固体の境目、いわゆる界面には、液表層部の分子同士が引き合う力（表面張力）、あるいは液体の分子と固体の構成分子が引き合う力（界面張力）が働きます。部材表面上に液体が付着し、広がる現象、すなわち濡れの良し悪しはこの界面張力のバランスによって決まります。

水がよく濡れる表面を流れるとき、上向きの傾斜面ではもちろんのこと、垂直面、あるいは多少下向きの斜面（懸垂面）においても流れは表面から離れることなく、表面の断面形に沿って回り込もうとします。（図5・1）ところが、面が鋭く屈曲したり、上方に立ち上がったりする箇所（図5・2）では、水流の慣性力が、流れを面に沿って導こうとする界面張力の作用に打ち勝って、水流が面から剥離します。

「水切り」はこのような働きをもつ箇所を部材表面につくり込むことです。この際、流れの慣性力の大きさや方向は水切りの手前における流れ性状によって決まり、一方、水処理の目的に対してはいったん表面から離れた水の再付着

図5・1　部材表面の水の付着流れ

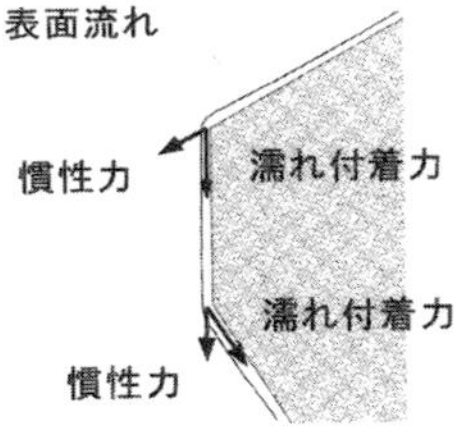

図5・2　流れの剥離が発生する箇所の例

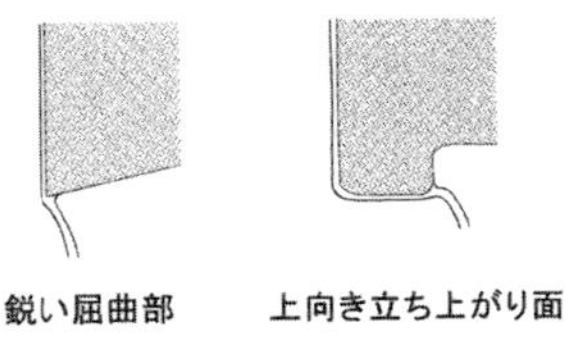

が問題であるため、水切りの働きには水切りが行われる点の上流側と下流側の双方の部材表面形状が関係することになります。

5-2

水切りを設ける位置と効用

建物外表面における雨水の回り込みを防ぐ働きをする水切りの具体的な効用は、設ける位置によって色々ですが、主なものを挙げてみると次のようになります。

(1) 軒樋への雨水誘導（屋根葺き材軒先部）

(2) 雨水回り込みおよび滴下の防止（鼻隠し先端、庇・バルコニー床の先端部、バルコニー側壁下端部）

(3) 直下にある隙間からの浸水防止（オープンジョイント形式の横目地、開口部上枠、建具下框《かまち》、外壁仕上げ材下端部、土台水切り）

(4) 下方壁面の汚れ、浸食防止（笠木、梁型、窓台等の先端）
(5) 雨がかりによる流下水量軽減（壁面各部）

図5・3、図5・4には、RC造建物と木造建物のそれぞれについて、標準的な水切りの位置を外壁矩計図上に示しましたが、水切りが色々なところで役立っていることがよく分かると思います。

このような図面を見ていて、パラペット笠木や窓台では、下の壁面にも直接

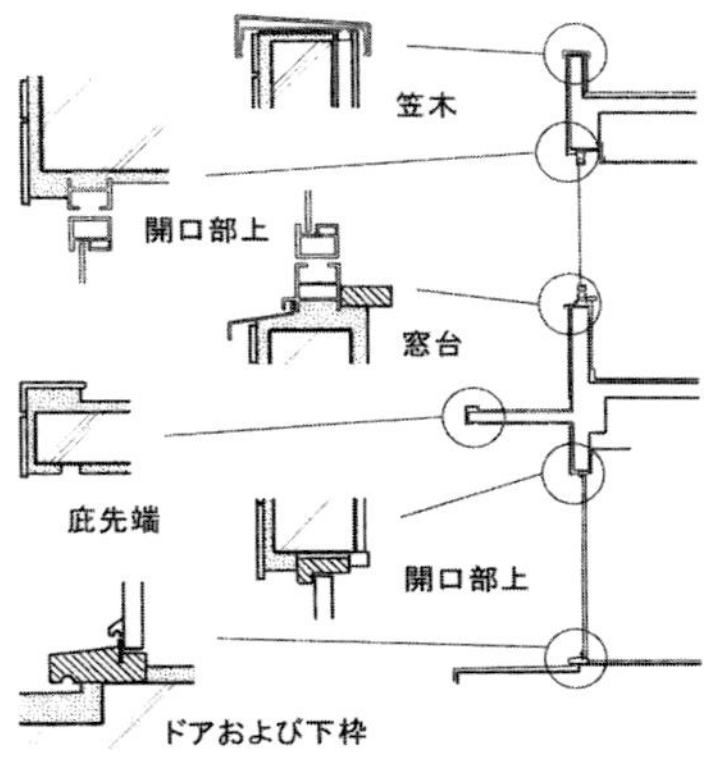

図5・3　水切りを設ける位置（その1）

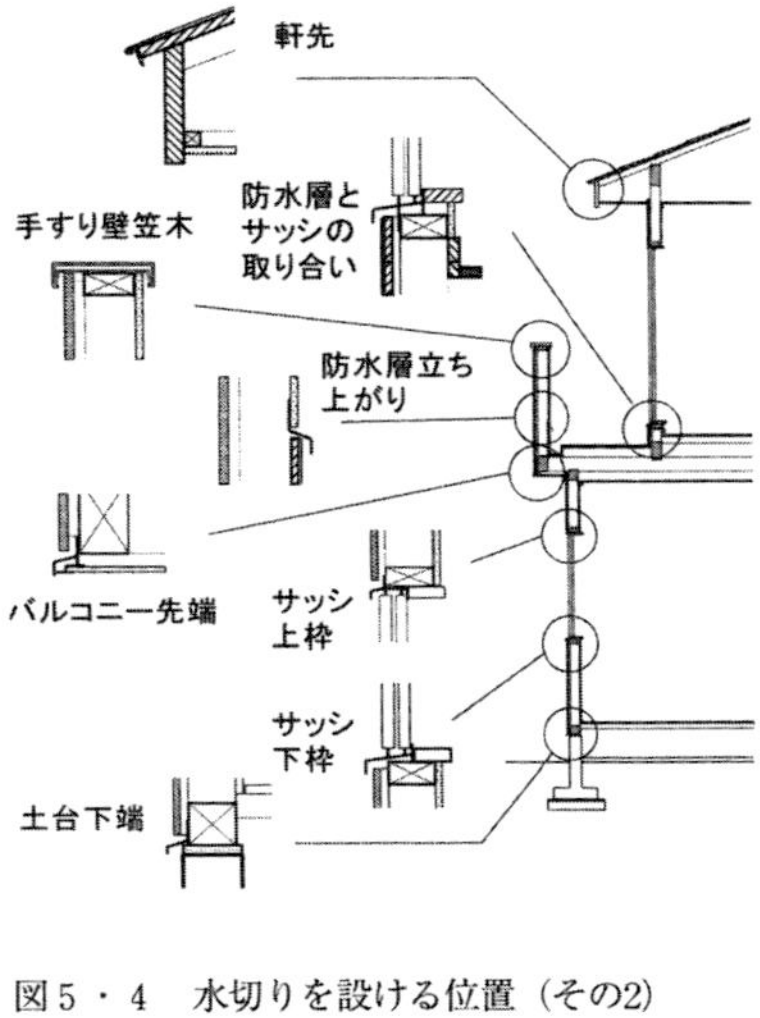

図5・4　水切りを設ける位置（その2）

雨がかかるので、水切りを設けることに意味があるのかという疑問が生ずるのではないでしょうか。ここで認識して欲しいのが、水切りのもう一つの働きです。それは水切り先端の形状を適切に選び、下方の壁面からの突出し距離を十分大きく取ると、水切りで切れた水が再び壁面を濡らすまでの落下高さをある程度まで大きくすることができるということです。

笠木天端、窓台などの水平面は、降雨時の大半において、垂直面に比べてはるかに多量の雨水を集め、また、汚れ物質の堆積も起こりやすい箇所です。これらの箇所の水切りを完全にすることは壁体の傷みや壁面の汚れを防ぐ重要なポイントです。

図5・5は、雨が一定の傾斜角と強さ（壁面雨量）で吹き付ける壁面上の、上方から累積する流下水量を図式化して示したものです。[1] 水切りが全くない壁面に比べて、水切りをある程度狭い間隔で設けることが、壁面下方の流下水量を減らすのに有効なことが理解されると思います。もちろん、壁面を流れる雨水をゼロにすることはできませんが、流下水量の軽減は長い間には壁体の傷みや雨漏りの危険性に大きな差をもたらすことは明らかです。

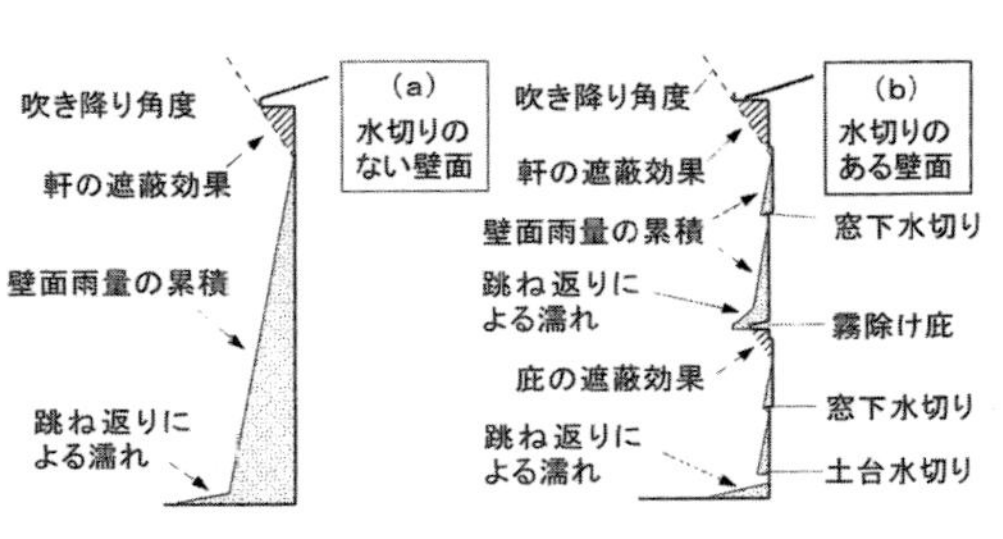

図5・5 水切りの壁面濡れ軽減効果[1]

各地の伝統的建築のファサードには、水切りによる表面流れの中断を巧みにデザインに取り入れた独特の形態を見ることができます。写真5・1はロンドン市内のレンガ造建築の外壁です。パラペット直下の軒蛇腹 cornice、途中階の胴蛇腹 string course には水切りが設けられ、この部分で流下雨水を壁面から遠ざけることによって、素材自体吸水性が大きく、その上に目地という無数の浸水経路があるレンガ壁の雨水浸透を軽減するのに役立っています。

また、写真5・2は有数の強風雨地域である高知県の民家の外壁です。この地方の漆喰壁の独特の意匠となっている「水切り瓦」が何段にも設けられています。高知地方で使われる土佐漆喰は、一般の漆喰に比べて耐久性が優れるとされていますが、それに加えて水切り瓦で壁面から離れたところに雨水を落とす工夫により、本質的に水に弱い土壁を下地にしながら、風雨に耐えて美しく年月を重ねるファサードを実現しています。

これらのファサードに共通しているのは、壁面を高さ方向に区切って水切り装置を配置し、多量の雨水が壁面を連続的に流下するのを防いでいる点です。吹き降り雨が日常的な風土が生んだ意匠と見ることができるでしょう。

写真5・1 軒蛇腹、胴蛇腹を持つレンガ壁。これらは装飾だけでなく、壁を流下雨水による濡れから守る役割を持つ

写真5・2 高知県、安芸市の民家の壁。

水切り瓦を何段にも設けて壁面に雨水を流下させないようにしている

水切りの効用は部材表面から雨水を極力遠ざけることによる防水負荷の軽減や耐久性の向上であり、その意味では雨仕舞の主役というよりは渋い光を放つ脇役といった役どころといえますが、時には主役を演ずる場面もあります。写真5・3に示すのはその一例で、内開き形式の窓障子の下框《かまち》に設けられた水切りです。内開き窓は開閉機構上、下枠の室内側に水返しのための立上りを設けることができないので、下框に水切りを付けて戸当たりの外側に雨水を落として雨仕舞をします。この納まり例のように、水切りの背後に雨水浸入の弱点がある場合、水切りの良否が雨仕舞に決定的な役割を果たします。

5-3

水切りの部材と形態

前項に述べたように、水切りを設ける位置はさまざまで、部材構成も一様でないため、水切りの形態は極めて多様ですが、水切り点（水を滴下させる点）

写真5・3　内開き窓は下枠に水返しの立上りが取れないので、下框に水切りを設けて水を落とす

の断面形状に着目した場合、図5・6に示す、板状、勾配形、溝形、段形の四種の基本形に大別できます。[2]

また、水切りの部材構成には、押出し形材やタイルなどの定形部材を他の部材と適切に組み合わせて水切り点を確保するものと、部材自体に切削、型抜き、塗付けなどの方法によって溝や段差を造り出すものがあります。図5・6の各基本形の中の記号は、それぞれの水切り形態において、水切り効果を主に左右する寸法であり、水を伝えないようにしたい面（以下目的面という）に対する、下り（f）、間隙（b）、

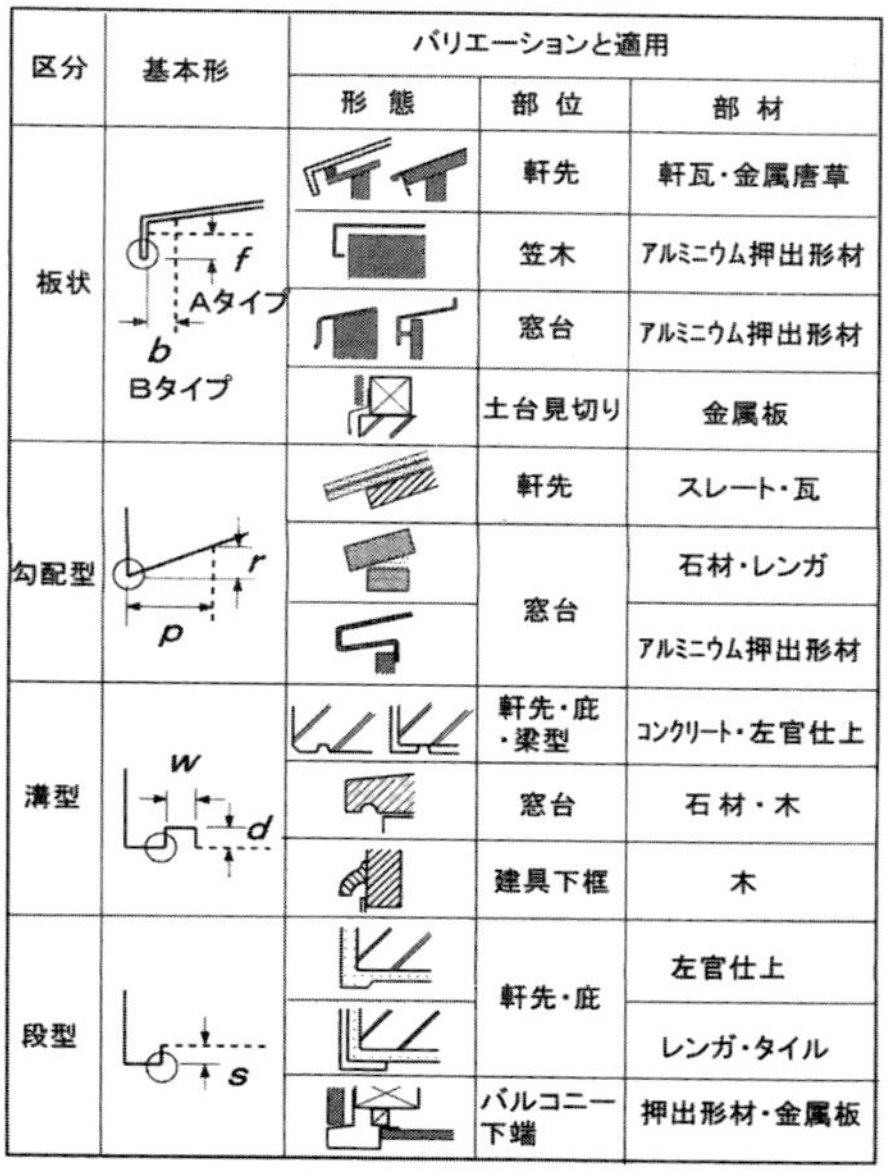

区分	基本形	バリエーションと適用		
		形態	部位	部材
板状			軒先	軒瓦・金属唐草
			笠木	アルミニウム押出形材
			窓台	アルミニウム押出形材
			土台見切り	金属板
勾配型			軒先	スレート・瓦
			窓台	石材・レンガ
				アルミニウム押出形材
溝型			軒先・庇・梁型	コンクリート・左官仕上
			窓台	石材・木
			建具下框	木
段型			軒先・庇	左官仕上
				レンガ・タイル
			バルコニー下端	押出形材・金属板

図5・6 水切り基本形態（○は水切り点、……は目的面を示す）

突出し長さ（p）、立上り（r）、溝幅（w）、溝深さ（d）、段差（s）を示します。形態のバリエーションは代表的な例を示しており、部材構成によってこれ以外にも多くのバリエーションがあります。

5-4

水切りの所要寸法

水切りの主な機能である、流れの中断を実現するには、水切り点（図5・6の〇印の位置）に到達した流下水が、目的面（図5・6の点線の位置）まで連続した流れを形成しないことが最低限の必要条件です。水切り点から先の水の流れは、前記の各寸法の大小によって異なってきます。図5・7～5・10は、各基本形の水切り各部の寸法に応じて流れがどのように変化するかを図式的に示したものです。図の番号、①、②、③はそれぞれ、

①水切り点から目的面に水が連続して流れ、全く水切り効果が得られない状

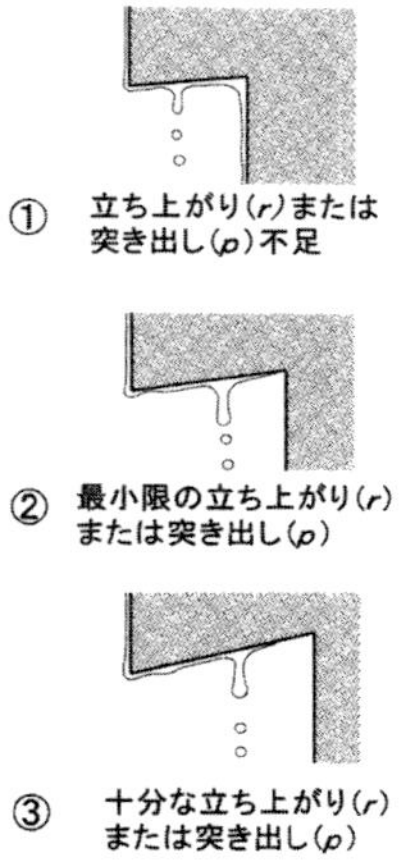

図5・8　勾配型水切りの寸法と水切り効果

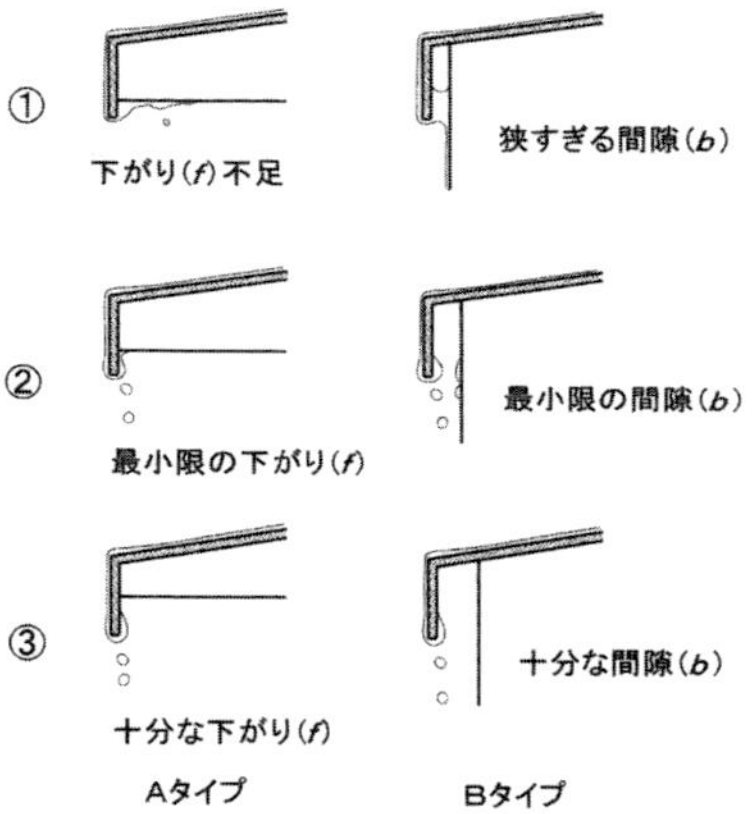

図5・7　板状水切りの寸法と水切り効果

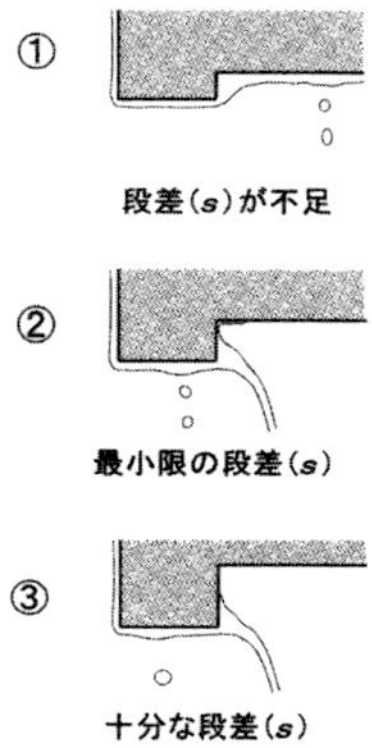

図5・10　段型水切りの寸法と水切り効果

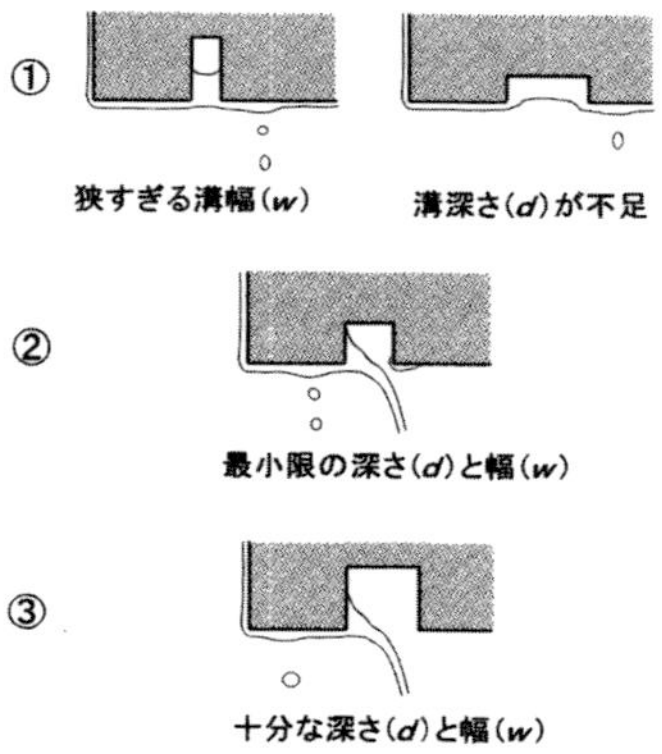

図5・9　溝型水切りの寸法と水切り効果

況

②一応水切り点で水は切れるが、目的面の一部は濡れる状況

③目的面の濡れは全くなくなり、水が完全に切れる状況

に対応したものです。

ここで、②と③の状況を得るための水切り寸法の最小値を、それぞれ所要最小寸法、所要安全寸法と呼ぶことにして、水切りの基本形ごとの実験結果を総合して示したものが図5・11です。

実験は限られた形状、材質の水切りモデルを用いて行っており、水切り点の流れはそこに至るまでの部材面の形状や、濡れ性状によっても異なるので、図5・11に示した寸

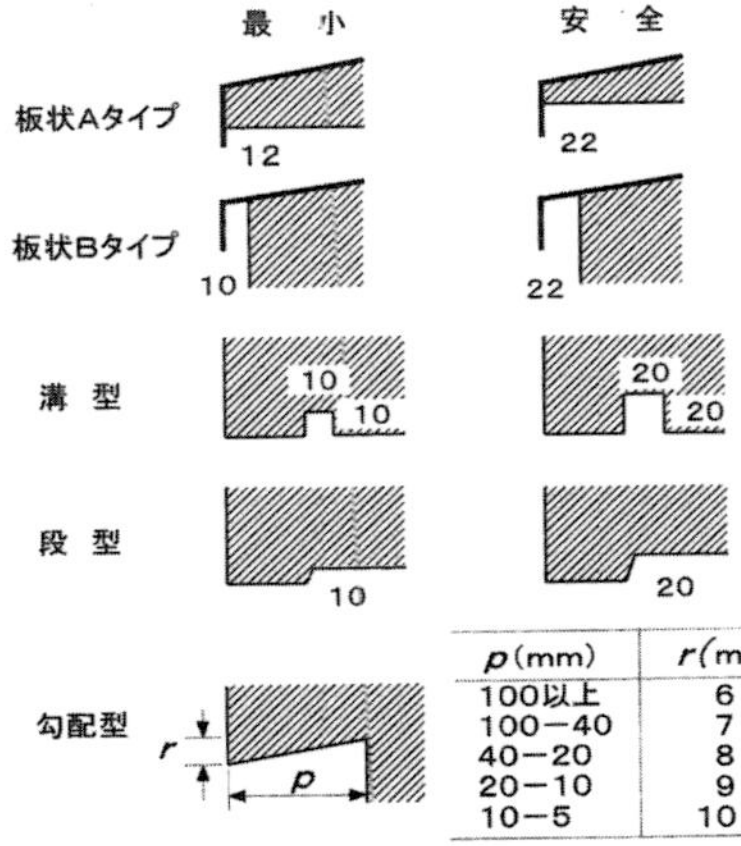

p(mm)	r(mm)
100以上	6
100−40	7
40−20	8
20−10	9
10−5	10

図5・11　水切りの所要寸法

法は絶対的なものとは言い切れませんが、図と大きく異なる形態（たとえば先端が丸みを帯びているなど）の部材を除けば一般的に適用できると考えられます。

なお、表面を流れる水量が多くなるほど、当然所要寸法は大きくなりますが、ある程度の流量に達すると、慣性力によって水切り点に達する以前に流れが部材表面から剥離し、水切り点に達する水量が少なくなる結果、所要寸法はむしろ減少します。[3] 章末技術情報5・1

図5・11の寸法は最も影響の大きい流量（水切りの形態により異なるが、おおよそ12～24 l／m・分）に対応するものなので、必ずこの寸法でなければ役に立たないというわけではありません。現実的な流下水量はこれよりずっと少ないことがほとんどなので、部材の条件により図5・11の寸法が確保できない場合でもある程度の有効性は期待できます。しかし、これにも限度があり、各寸法が3㎜を下回るような場合は十分な効果は望めません。

5-5

水切り下の壁面の濡れ方

水切りから滴下する雨水による下方壁面の濡れが特に重要な位置は主に笠木や窓台であり、このため水切りの形態としては板状水切りが中心になります。

図5・12に示すように、板状水切りの先端から滴下する水滴、あるいは流下する筋状の水は、先端を回り込む際に水平方向の初速 U_h を得るため、水滴や流れは先端から壁面に向かって放物線上の軌跡を描いて落下します。したがって、同一形状の水切りであれば、滴下した水が壁面を濡らす位置までの落下高さは、水切りの出寸法 b の2乗に比例することになります。このことは実験的にも確認されています。[4]

章末技術情報5・2

また、U_h が小さいほど雨水は真下に落ち、壁面が濡れる危険性が少ないことになります。U_h の大きさには水切り先端部の形状や角の鋭さ、水量が関係

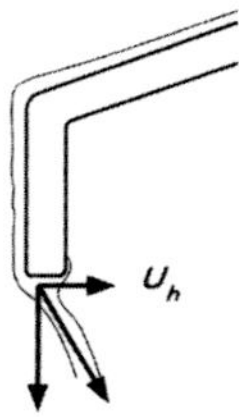

図5・12　水切り先端で流下する水の内側への巻き込み

するので、どのような水切り形態が有利かは実験的に確かめるしかありません。

[5] 章末技術情報5・3

水切り部材の上面、前面での水の流れ方も下方壁面の濡れに無関係ではありません。笠木や窓下枠水切りに多い金属部材の表面では、雨水は平均に流れず、図5・13(a)のように筋状に集まって流れる傾向があります。このような流れが水切りの先端部を回り込むときの流速は、不連続の水滴の移動速度に比べてずっと大きいので、U_hも大きくなります。

図5・13(b)は水切り部材上面の勾配が緩く、かつ角の丸みが少ない部材で見られる流れ方です。このような部材では、上面を流れる水が角の手前で停滞する傾向が強く、この水が表面張力で支えきれない量に達すると、まとまって一気に流下するため、水切り直下が濡れやすく、水切り部材の形態としては好ましくないといえます。水切り部材の上面の形状に関しては、流れの集中を避け、まんべんなく分散した流れとなるように、また、停滞させずにスムーズに滴下させられるようなものが望ましいということになります。

以上をまとめると、下方の壁面の濡れをできるだけ軽減するには、十分な出

図5・13 水切り先端の巻込みを加速する上面での水の流れ

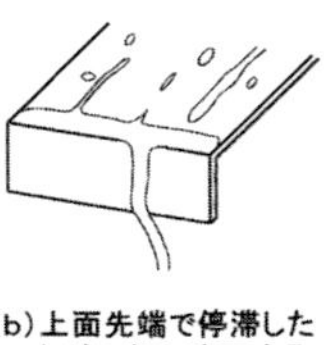

(b) 上面先端で停滞した水が一気に流下する

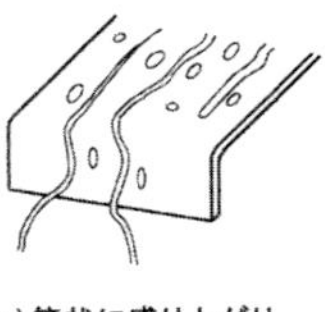

(a) 筋状に盛り上がり蛇行して流れる

の寸法を取る他に、次のような条件を備える部材を選定することがよいといえます。

(1) 先端はできるだけ薄く、丸みが少ない
(2) 上面に適度の勾配がある
(3) 上面の角に丸みがある
(4) 表面はできるだけ水が平均に拡散して流れる性状を備える
(5) 先端が外側に折れるなど水が回り込みにくい形状となっている

実際に使用されている金属笠木、サッシ水切り部材を試験体として下方壁面の濡れ性状を検討したところ、部材の断面形状によって著しく特性が異なることが分かりました。中には水切り部材と称しながら、水が切れずに直下の壁面に連続して水が回ってしまうものもありました。[4] 章末技術情報5・4

また、せっかく良好な水切り特性をもつ部材を選定しても、施工時にシーリング等で水切りに有効な寸法を小さくしてしまい、その効果が発揮できないこともしばしばあるので、十分注意を払う必要があります。

技術情報 5・1 水量による水切り効果の変化 [3]

溝形水切りモデルの前面に水を流して、回り込み水が溝を渡らなくなる最小溝幅 w を測定した実験のデータ

流下水量が増すほど w は大きくなるが、一定以上の量になると、大部分の水が部材の先端で流下してしまうために w はむしろ減少する。（この w は図5・7の②の状況に対応）

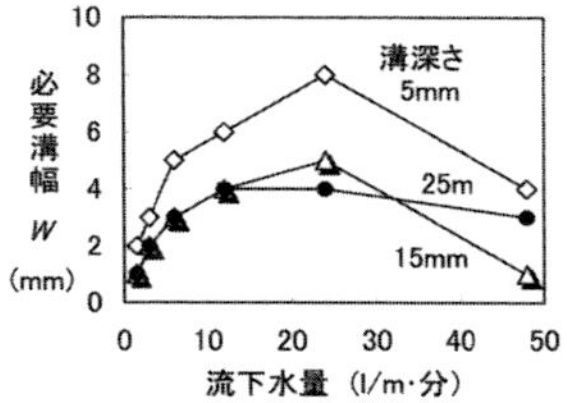

技術情報 5・2 水切りの突出し長さと濡れ保護高さの関係 [4]

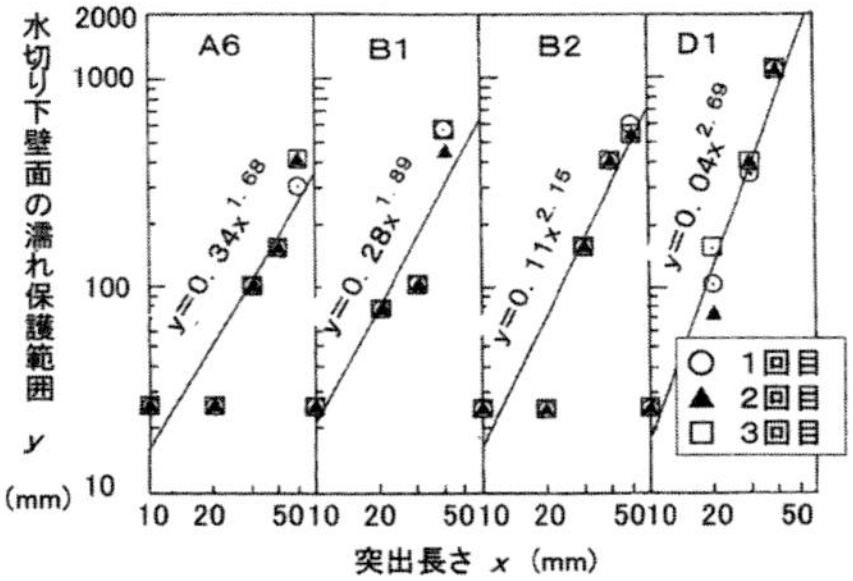

水切りの壁面からの出 x を変えて、滴下水が下方の壁面に再付着する位置までの高さ y を調べた実験データ（A6…等の記号は水切り部材の種別　技術情報5・4参照）

y は x の1.7〜2.7乗に比例し、滴下水は壁面に向かっておおむね放物線状に落下することが分かる。ただし y の値は部材による差が大きい。

技術情報５・３ 水切りの先端形状による壁面の濡れ方の差 [5]

先端形状を変えた水切り部材モデルに水を流し、下方の壁面の濡れの分布を調べた実験のデータ。

先端に丸みがあるモデルでは流した水のほとんどが直下の壁面に集中するが、先端を刃状にしたモデルでは壁面を濡らす水量は著しく少ない。

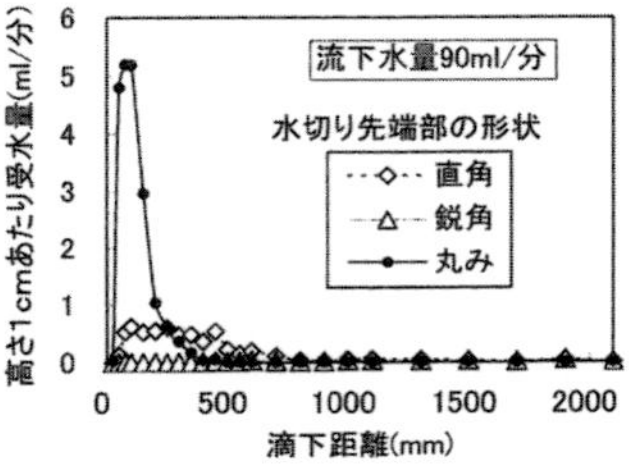

技術情報５・４ 各種板状水切り部材の性能比較 [4]

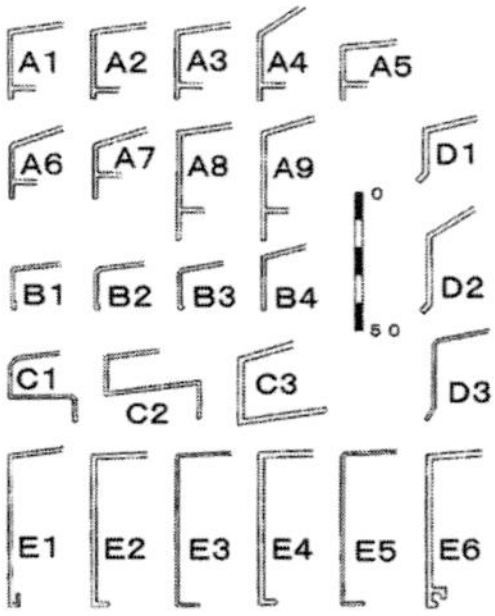

各種サッシ水切り、笠木部材の先端部詳細

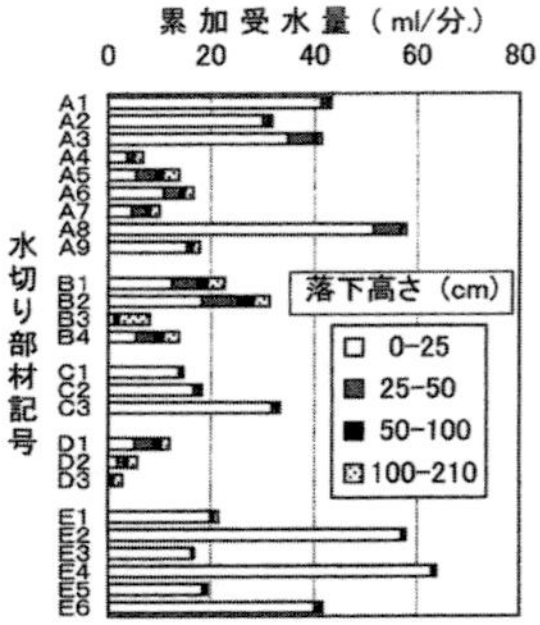

各種のアルミサッシ用水切り部材と金属笠木部材の上面に水を流し、下方の壁面の受水量分布を調べた実験のデータ。

先端部の形状・寸法、上面の勾配、上面端部の丸みが水切り性能に大きく影響する。

6

水を返す

6-1

水返しとは

部材の隙間に浸入しようとする雨水、あるいは部材表面を伝わって内部に向かって移動する雨水を、外部に向けて戻してやるための部材形態の工夫が水返しです。水返しは入り込もうとする雨水を逆戻りさせる、という点で、雨仕舞手法のもっとも中心的な存在といえるかもしれません。

浸入してきた雨水を逆戻りさせる力として部材の形態が提供できるのは重力だけなので、水返しとは重力を利用して漏水の危険の大きい位置から少ない位置へと雨水を誘導する手法ということもできます。

水返しの効用は、水平方向に配置される部材と垂直方向に配置される部材の双方にありますが、その手法には大きな違いがあるので、以下、節を分けてそれぞれの有用性と応用上の要点を述べていきます。

6-2

水平部材の隙間の水返し─立上り

1 立上りの諸形態

ここでいう水平部材の隙間とは、建物見付け面において水平方向に配置される部材の取合い部、たとえば外壁パネルの水平目地、横張りサイディングの目地、サッシの上枠、下枠、土台水切り等の隙間、屋根葺き材の縦重ねなどを指します。

これらの隙間が奥行方向にも水平であれば、雨水が内部に漏出するのは明らかです。このような隙間からの水漏れを防ぐには、図6・1のように上方の部材の背後に下方の部材を重ねる、あるいは隙間全体を室内側に向けて上り勾配

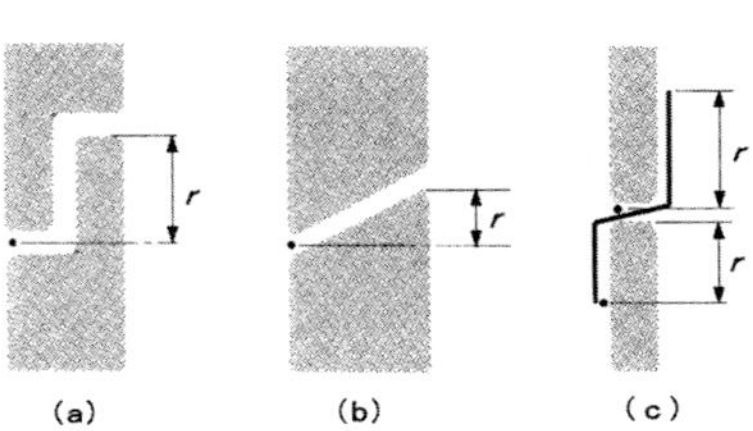

図6・1 立上りのある隙間

にするなど、隙間の入口より奥のほうが高くなる形態にするのが誰でも思い付くことで、これらの図に示すr、すなわち入口の高さと下方部材の上端部高さの差が立上りと呼ばれます。

ところで水返しとしての立上りは立上り寸法rが大きければ大きいほど有効だと考えられがちですが、それは正しくありません。その理由は次項に述べる隙間の流れの多様性にあります。

2 隙間の水の状態と立上りの有効性

圧力が作用しない場合

無風で隙間の前後の空間に圧力差が存在しない場合、立上りのある隙間に雨水が入り込む要因としては毛細管張力と流下水の慣性力が考えられます。

図6・2(a)のように立上り部分の隙間がごく狭い場合には、水は毛細管現象で立上りに沿って上昇していきますが、立上りの上端では毛細管状隙間が形成されなくなるので、水はそれ以上は上昇しません。立上り寸法が隙間自体の毛細管水位 h_c より低い場合でも、水はそこで止ります。＊

図6・2　圧力差が作用しない場合の立上り内部の水の状態

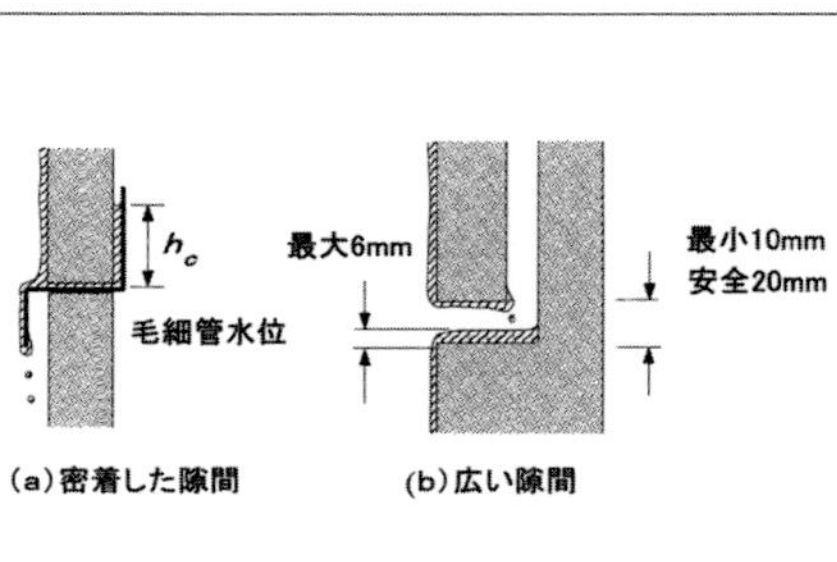

※　途中で切れた場合は水が溢れ出ると誤解しがちなので注意。ただし、立上りの背後に下地材が密着して連続した毛細管状の隙間が形成されると危険。（3章参照）

一方、図6・2(b)のように隙間の入口が広い場合には、上方の部材面を流下してきた水は部材下端を伝わって回り込み、下方部材の上面に滴下します。この面の勾配が緩い場合には水は先端に停滞しますが、実験時の観察ではその水膜厚さは最大で6㎜といったところです。したがって(b)のような状態の流れに対しては、立上りの寸法が上方部材の下端から最小10㎜、安全を見て20㎜程度あれば水が立上りを越えることはありません。つまり、これが圧力差が作用しない場合の立上り所要寸法ということになります。

圧力が作用する場合

立上り部の雨仕舞で問題なのは、台風などの強風雨時に、隙間の入口に降雨と風が同時に作用し、風の圧力によって立上り内部に雨水が押し上げられる場合です。

最初に、風圧と風速の関係について触れておきましょう。建物外面に作用する風圧力の大きさには、風速の他に建物の形状や面内での位置が複雑に関係してくるため、単純に風圧を風速相当でどのくらいと置きかえることは難しいのですが、ここでは一つの目安として、風速U（m／s）のエネルギーをすべて圧力のエネルギーに換算した速度圧ΔP_uを考えることにすると、そのおおよその大きさは式6・1で求めることができます。P130解説6・1 圧力の単位には、以前はkgf/m^2を用いましたが、現在はPa（パスカル）が使われます。

風圧によって建物外面の空間の圧力が高くなり、立上り部の前後に圧力差が存在するとき、立上り部に入り込んだ水の状態は一様ではありません。図6・3は隙間の条件によって浸水状況が異なる様子を模式的に示したものです。

(a)は立上り部に水が連続的に充満している状態を示します。この場合、立上り部の水の位置水頭は圧力差と反対向きに作用し、定常状態において両者が釣り合うことになります。

(b)は、立上り部の水が気泡混入流れになっている状態を示します。気泡混入状態では、気泡の混入によって水の見かけ密度は減少し、この軽くなった水の位置水頭と圧力差が釣り合うかたちとなるので、隙間の水は高く押し上げられます。

(c)は、外部側開口および隙間の幅が広く、立上り部に水膜が張らない状態を示します。この場合、圧力差によって生ずる透過気流の流速がある程度以上に

図6・3　圧力差が作用する場合の立上り内部の水の状態

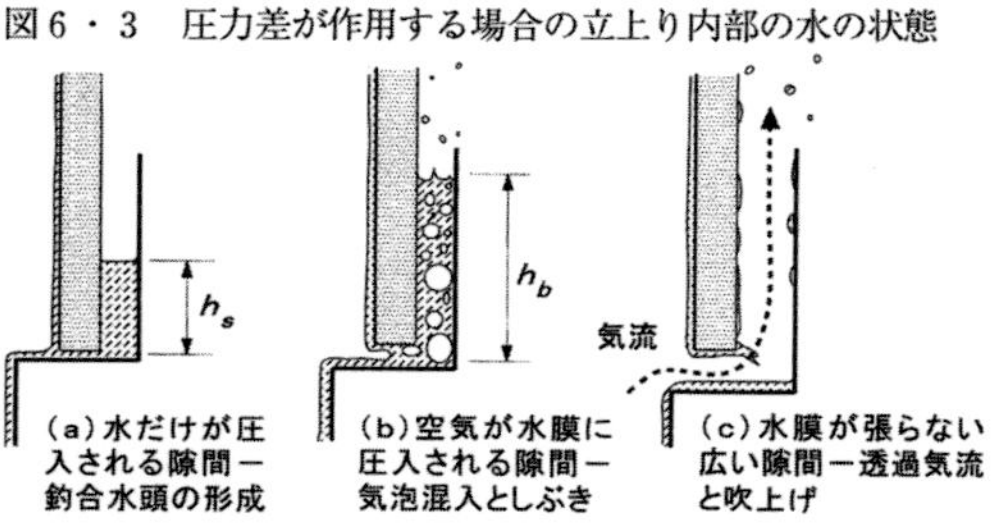

(a)水だけが圧入される隙間ー釣合水頭の形成
(b)空気が水膜に圧入される隙間ー気泡混入としぶき
(c)水膜が張らない広い隙間ー透過気流と吹上げ

式6・1

$$\Delta P_u = \frac{1.2U^2}{2} = 0.6U^2$$

ここで　ΔP_u：速度圧（Pa）
U：風速（m/s）

なると、開口で滴下する雨水が隙間内に吹き上げられ、いったん立上り面に付着した水も気流に引きずられて這い上がるかたちで上端から上方に飛散します。以下、上記のそれぞれの場合について立上り寸法が水返しにどのように有効に働くのかを述べていきます。

1 釣合い水頭が保持される場合

立上り部内で圧力差ΔPと釣り合う水の位置水頭 h_s は、式6・2で計算できます。P130解説6・2

そして、この水位が立上り寸法 r を超えるまでは、漏水が起きないので、立上り寸法が大きいほど高い風圧まで水返しが可能ということになります。[1] 密着した立上り部では、前述のように毛細管現象による水位上昇が起きます。この上昇水位 h_c は濡れやすい表面の場合、隙間が0.5㎜なら20~30㎜程度になります。この状態にある隙間の中の水に圧力差が作用するとどうなるでしょうか？ 密着した立上り隙間のモデルに散水と加圧を行った実験での観察による

式6・2

$$h_s = \frac{\Delta P}{9.8}$$

ここで　h_s：釣合い水頭（mm）
　　　　ΔP：圧力差（Pa）

一例として、風速20m/sの速度圧がそのまま隙間前後の圧力差として作用すると考えたときの釣合い水頭は、式6・1から

$$\Delta P_u = 0.6 \times 20^2 = 240\ (\mathrm{Pa})$$

したがって、式6・2から

$$h_s = \frac{240}{9.8} = 24.5\ (\mathrm{mm})$$

解説 6・1　風の速度圧の基本式

ベルヌーイの定理から、

$$\Delta P_U = \frac{\rho_a \cdot U^2}{2} \quad \cdots\cdots 式6・3$$

ここで、ΔP_U：風速Uに対する速度圧（Pa）
　　　　ρ_a：空気の密度（kg/m³）
　　　　U：風速（m/s）

ρ_aは標準の大気圧において、1.29（0℃）～1.17(30℃）位の値であるが、1.20（20℃）を用いると、

$$\Delta P_U = \frac{1.2 \cdot U^2}{2} = 0.6U^2 \quad \cdots\cdots 式6・1$$

解説 6・2　立上り内部の釣合い水位

図において、

$$\Delta P = h_s \cdot \rho_w \cdot g \quad \cdots\cdots 式6・4$$

ここに　ΔP：隙間前後の空気圧力差（Pa）
h_s：釣合い水位（m）
ρ_w：水の密度（kg/m³）
g：重力加速度（m/s²）

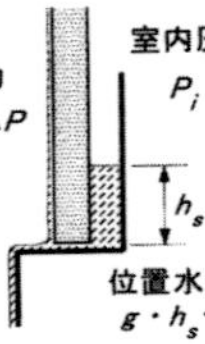

h_sについて書き直すと、

$$h_s = \frac{\Delta P}{\rho_w \cdot g} \quad \cdots\cdots 式6・5$$

ρ_w、gの近似値としてそれぞれ1000、9.8を用いると、

$$h_s = \frac{\Delta P}{9800}$$

これはm単位なので、日常的に用いるmm単位で表せば、

$$h_s(\mathrm{mm}) = \frac{\Delta P}{9.8} \quad \cdots\cdots 式6・2$$

と、隙間の中の水位は、圧力差による釣合い水位と h_c を足したものになります。[1] 章末技術情報6・1

では、この合計水位が立上り寸法 r に達したら漏水は起きるのでしょうか？答えはノーです。合計水位が立上り上端に達しても、釣合い水位 h_s が r を越えるまで漏水は起きません。その理由は前に説明したとおり、毛細管張力が立上り上端で作用しなくなるためです。

しかし、上記のことは、あくまでも立上り内が連続的に水で満たされた条件のみで成立することを忘れてはなりません。雨仕舞では立上り部の入口に供給される雨水の量が限られているので、3章で説明したとおり、立上り内部の水の状態はむしろこの後に出てくる気泡混入流れや表面付着流れになりやすいのです。

2　気泡混入が発生する場合

気泡混入状態では、気泡の混入によって水の見かけ密度は減少します。この軽くなった水の位置水頭と圧力差が釣り合うかたちとなるため、隙間の水は式6・2で示される h_s よりはるかに高く押し上げられます。実験での計測によると、このような気泡混入状態の水の頂部の水位 h_b は、h_s のおよそ3～5倍に達します。[1] 章末技術情報6・1

すなわち、水の見かけ密度は3～5分の1程度に減少していることが分かります。h_b を h_s の4倍として前記の試算結果に当てはめると、風速20 m／s の速度圧に対して98㎜まで水が押し上げられることになります。さらに、気泡混入状態では気泡の破裂によって、水面の上方にしぶきが発生します。（写真6・1参照）

上方に遮蔽物がない場合、図6・4に示すようにしぶきの飛ぶ高さは最大で h_b の約3倍位になります。したがって通常の納まりで適用される高さ60～100㎜程度の立上りでは、もはや水返し効果は期待できません。これから分かるように、気泡混入流れになりやすいかどうかは、立上りを持つ隙間の性状として極めて重要な問題です。

3章に述べたように、気泡混入流れの発生条件は隙間の開口に水が滞留し、

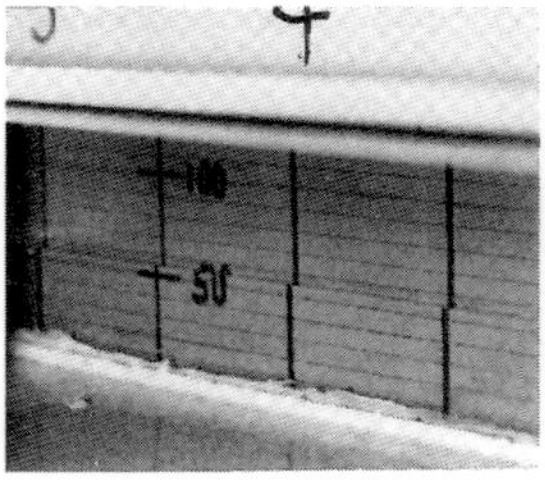

写真6・1 外部から水と圧力差が同時に作用する水平目地立上り内の水の状態を示す実験写真。圧力差が同じでも、隙間のわずかな違いで状態が変化する[1]

供給される水量が隙間に押し込まれる水量より少ない場合ですが、各種の隙間幅と壁面雨量を想定して計算してみると、数100 Pa程度の圧力差が作用するときに気泡混入状態が起きないのは、隙間幅が0.5 mm未満で、かつ流下高さが極めて大きい場合に限られることが分かります。

P134解説6・3

章末技術情報6・2

したがって、図6・3の(a)のような状態で圧力差に見合った釣合い水頭がつねに形成される条件を備える立上りは、外部側の開口がシーリングや塗り仕上げで密閉施工された後、微細なクラックや肌離れが発生した状態にほぼ限定されます。通常の乾式部材相互間の取合いにできる立上り部では、ある程度の圧力差が作用する時、雨水の浸入は程度の差こそあれつねに気泡混入状態を伴うと考えるべきです。

ただし、気泡混入が発生しても、立上りが全く有効性を失うわけではありません。気泡混入が起きることは、言い換えれば流下雨水の全量が開口から押し込まれるということです。もし立上りがなければ、この水は何の妨げも受けずにすべて室内側に流れ込んでしまいます。立上りがあれば上方へのしぶきの飛散は防ぎにくいものの、立上り寸法に応じた圧力差まで水を返してやることが

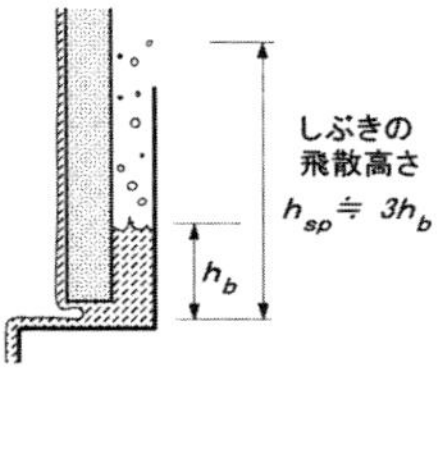

図6・4 気泡混入時の水位としぶきの飛散高さの目安

解説６・３　気泡混入状態の発生条件

図において、立上りのある隙間の入り口を流下水膜が塞ぎ、前後に圧力差ΔPが作用している。

一般に圧力差による開口内の透過水量は次式で表わされる。

$$Q = c_o \cdot A_o \sqrt{2\frac{\Delta P}{\rho_w}} \quad \cdots\cdots \text{式６・６＊}$$

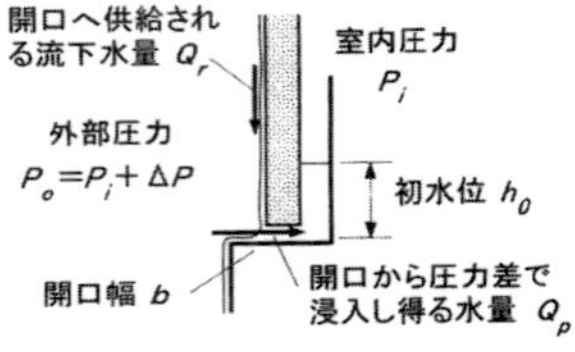

ここで、Q：透過水量（m³/s）
c_O：流量係数（主に開口の形状によって決まる値、通常0.6内外）
A_O：開口面積（m²）
ρ_W：水の密度（kg/m³）
ΔP：圧力差（Pa）

図の状態にある隙間の見つけ長さ1mあたりから隙間に浸入し得る水量Q_p（m³/m·m）は、

$$Q_p = c_o \cdot b \cdot \sqrt{2\left(\frac{\Delta P}{\rho_w} - g \cdot h_o\right)} \quad \cdots\cdots \text{式６・７}$$

ここで、b：入り口の開口幅（m）
$g \cdot h_0$は隙間に浸入している水の位置水頭で、圧力差と反対向きに作用するので圧力水頭から差し引いている。
開口へ供給される水量をQ_r（m³/m·s）とすると、気泡混入が発生する条件は、

$$Q_p > Q_r \quad \cdots\cdots \text{式６.８}$$

式６・７と式６・８から、

$$Q_p = c_o \cdot b \cdot \sqrt{2\left(\frac{\Delta P}{\rho_w} - g \cdot h_o\right)} > Q_r \quad \cdots\cdots \text{式６・９}$$

一例として外壁の水切り納まり部を想定して開口幅を１mmとし、立ち上がり部内の水位が５mmある状態で圧力差240Pa（風速20m/sの速度圧相当）が作用したとする。式６・９において、c_O=0.6、$b=10^{-3}$、ΔP=240、$\rho_W=10^3$、g=9.8、$h_0=5\times10^{-3}$をそれぞれ代入すると、$Q_p=3.71\times10^{-4}$ m³/m·s。流下水量Q_rの一例として、流下高さ３mを考えた場合、壁面雨量をR_W（mm/分）とすると，

$$Q_r = \frac{R_w \times 10^{-3}}{60} \times 3 = 5R_w \times 10^{-5} \quad \text{m}^3/\text{m}\cdot\text{s}$$

壁面雨量R_Wに、稀にしかあり得ないような大きな値、1、2、4 mm／分を入れても、Q_rはそれぞれ、5×10^{-5}、10^{-4}、2×10^{-4}であるので、ここで想定した条件ではいずれの場合も気泡混入は免れないことが明らかである。
式６・９をΔPについて書き直すと、

$$\Delta P > \left\{\frac{1}{2}\left(\frac{Q_r}{c_o \cdot b}\right)^2 + g \cdot h_o\right\} \cdot \rho_w \quad \cdots\cdots \text{式６・10}$$

式６・10を用いて任意の流下水量Q_rと開口幅bに対する、気泡混入状態発生限界圧力差が求められる。

＊幅がごく狭い隙間では、隙間内の流れは粘性の影響で層流になり、この場合異なる流量式を用いるべきだが、実際の隙間は局部的に密着したり開いたりしているので、平均的な開口幅を想定して式６・６で計算することとした。

できます。そこには決定的な差があります。

気泡混入状態を前提とした場合、圧力差作用時における立上りの水返しとしての有効性の目安を簡単にいうと、立上り寸法r（㎜）に対して、圧力差$2r$（Pa）までが限界ということになります。ただし、限度以下の圧力差でもしぶきの飛散は覚悟しなければなりません。

3　水膜が形成されない場合

立上りの隙間の水滴が上方に吹き上げられるのに必要な気流速度は、空気中の水滴の落下速度から類推することができます。2章「雨の降り方を知る」で触れているとおり、これまで得られている雨滴の落下速度の実測値によれば、落下速度は滴の大きさで異なり、直径1㎜の滴で4m／s、直径5㎜の大粒の滴で9m／s程度です。これを裏返して考えると、隙間内にこれ以上の速度の上昇気流が存在する時、水滴は上方に移動することになります。細かい水滴ほど緩やかな気流で運ばれるというわけですが、霧状の細かい滴であればまとまっても多量の水にならないので、立上り上方への水滴吹上げが問題になり始める気流速度の下限値を5m／s前後と考えればよいと思われます。

立上り面に付着した水滴や水膜は、気流中に浮遊する水滴より幾分気流の影響を受けにくいので、立上りの隙間が迷路状の形態をなすなど、慣性力による水滴の移動を有効に防げる場合には気流速度の限界値はもう少し高いと考えられます。

隙間内の限界気流速度5m／sをもたらす圧力差はおよそ15Paに相当する P153解説6・4 ので、隙間幅が広く、水膜が張らない真っ直ぐな立上りの前後に15Pa以上の圧力差が作用するとき、室内側へ水滴の飛散が起きる危険があることになります。この場合、立上り寸法の大小は水返し効果に関してほとんど意味をもたないことは明らかでしょう。

ここで、図6・5のように、立上りの一番奥の部分が狭く、空気が通りにくくなっている形状の隙間を考えてみます。図3・10で説明しているように、このような形状の隙間内部の圧力は外部の圧力に近づきます。このとき、外部側の開口の前後の圧力差は小さくなります。そのため、この部分の気流速度は緩

図6・5 出口が狭い隙間の圧力と気流速度

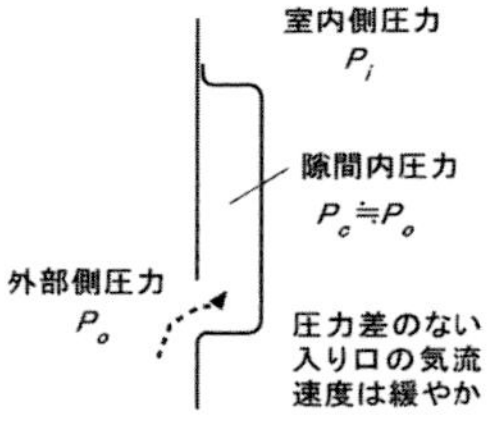

やかになり、水滴や水膜の隙間内部への移動が起きにくくなるのですが、これは等圧原理*にほかなりません。等圧設計では、気密化のためにガスケットなどの気密材を用いますが、立上り上部の隙間を絞り込むだけでも気流による水滴の漏出が発生する圧力差が相当程度高まることは実験で確認されています。〔2〕

この効果を得るための隙間形態寸法の必要条件は、開口や立上り部に水膜が張らないことであり、立上り高さの大小は関係がありません。もちろん、圧力差はどこかに消えてしまったわけではなく、立上り奥の狭くなった部分に存在しています。したがってこの部分に水を近寄せないことが大切で、跳ね返りや気泡の破裂に伴って飛散する飛沫が達しないためにも、最低限の立上り高さは必要です。

3　立上り上端の折返しの効果

金属板で作った雨押さえ（水切り板）には、普通、板の端部に折返し加工が

※7章4節「等圧設計」参照。

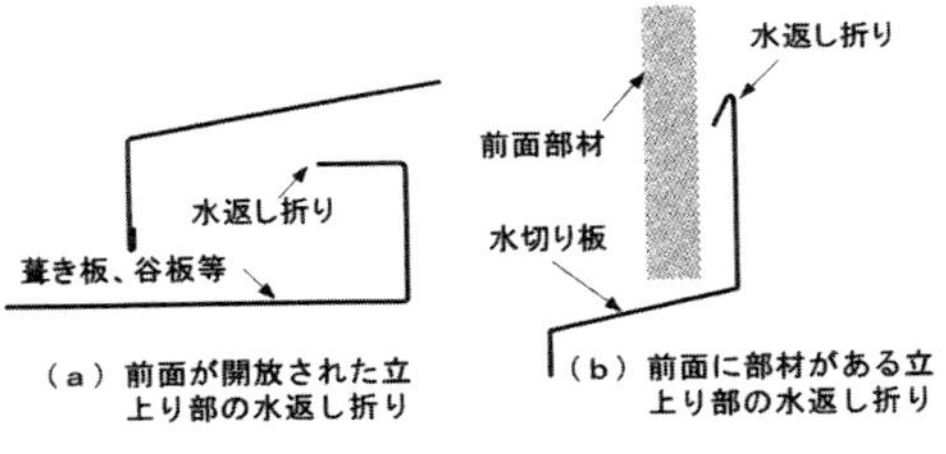

図6・6　立上り上端部の水返し折り

施されています。折返しの主目的は危険防止や剛性付与といったところと思われますが、板金納まりの詳細図の中には、図6・6のように、立上り上端の折返しに水返しという名称をつけているものが見受けられます。図面上では確かに立上りを這い上っていく水をUターンさせる効果がありそうな感じを受けますが、その有効性はどの程度あるのでしょう?

まず図6・6(a)のような前面が開放された部材の場合、水返しが立上り面を慣性力で上っていく水の流れが水の向きを変え、上方への流出や飛散の軽減に有効に働くであろうことは、海岸の防波堤の働きを思い出せば理解されます。このような流れが想定される部位として、屋根面の壁際や谷があります。いずれも多量の雨水が集中して勢いよく流れるような部分で、特に流れに正対する方向の立上りでは厳しい条件になります。

この場合、立上りや水返し折りの寸法は、流量に応じて十分なものとする必要がありますが、同時にこのような位置では特定の部位に流れが集中しないよう、流量の分散を図ることも必要です。

では、次に図6・6(b)のような、前面に部材がある立上りの場合についてではどうなのでしょう。ここで、これまで述べてきた立上りの隙間における水の動きのパターンを想い出して下さい。まず、図6・3(a)に示される、水が釣合い水頭を保ちながら隙間を充満する条件では、水返し折りがあろうとなかろうと浸入や漏出に全く差が生じないことは明らかです。

図6・3(b)の気泡混入状態となる場合も、水の浸入の勢いは圧力差に応じて定まるもので、立上り上部の形状とは関係がありません。ただし、水面の上方に飛散するしぶきに関しては、折返しが隙間幅を狭くする分、抑制効果が期待できます。

図6・3(c)のように表面に付着した水が気流に運ばれる状況では、立上りを這いあがる水については水返し折りは有効ですが、前面部材の背面を這い上がる水には効果をもちません。隙間に水膜が張らない条件では、水返し折りは隙間の上部を狭める結果、図6・5の状況を形成し、浸水の軽減に結びつくことはあり得ます。しかしこの場合はどのような形態であっても隙間幅を狭くすることに意味があるので、水返し折りである必然性はありません。

つまり、前面に部材がある場合の水返し折りの効用は、主にしぶき止めであり、水返しできる圧力差の限界を高めるのに有効に働くとすれば、上端部の隙間を狭くすることによる通過気流速度の低減によるものと考えられます。[3]

6-3 水平部材面の水返し

換気ガラリや棟換気装置などを構成する水平部材の相互の間隔が、隙間とは言えないほど広く、その間を気流が吹き抜けるとき、水返し性を左右するのは、もっぱら部材表面の形状です。

ガラリの羽根のようなものを考えた場合、雨水の伝わる面として、羽根の上面と下面が考えられますが、下面の濡れは部材先端に水切りがあれば防げるので、上面における水返しが主要な問題になります。ガラリの羽根のように不連続な水平部材の立上り部表面を雨水が重力に逆らって上方に移動するのは表面に沿う気流の影響によるものです。したがって、図6・7(a)のように、気流が

図6・7　部材表面の形状と気流の流れ

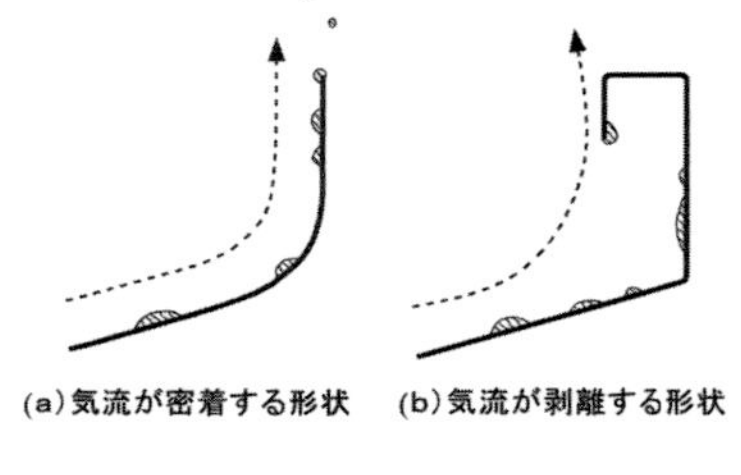

部材面に密着しやすい形態より、(b)のように気流が剥離する形態のほうが、面に付着した水の移動が起きにくいことは明らかです。

図6・8に示すように、立上りや水返しがあると、傾斜面の上部に気流の影響を受けにくい死水領域ができます。この領域に付着した水は気流で動くことはありませんが、これより下方の部材面に付着した水滴は気流の強さと立上り部の形状・寸法に応じて上方に飛散します。[4]

実際の部材では雨水は死水領域より手前側から飛来して部材面に達するので、気流のエネルギーが大きければ気流に運ばれた水がそのまま立上りを越えて飛散することは防ぎようがありません。立上り寸法を大きくとればより大きな流速に対して飛散を防げることは確かですが、換気効率は低下します。

死水領域となる位置だけに雨水を誘導できれば、飛散防止に有効であることは間違いありませんが、そのような設計は可能でしょうか。優れた換気効率と雨滴の飛散透過防止性を両立させた部材形状を理論的に決定するのは、現段階では難しそうです。実験を重ね、試行錯誤で決めていくしかないと思われます。

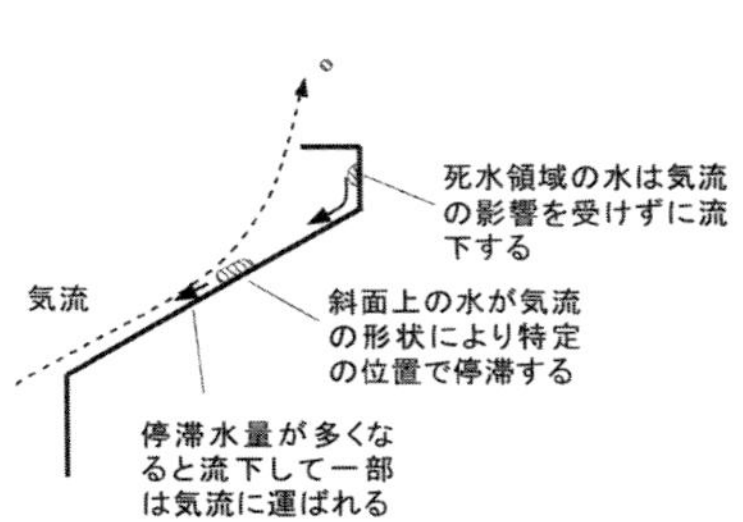
死水領域の水は気流の影響を受けずに流下する
斜面上の水が気流の形状により特定の位置で停滞する
気流
停滞水量が多くなると流下して一部は気流に運ばれる

図6・8　水平部材表面の雨水の気流による動き

6-4 垂直部材面の水返し

1 斜め溝形水返しの水処理性

3章2節、「部材表面の流れ」で説明したように、垂直面上の水の流れは膜状流れとなる場合を除いて、不規則に方向を変える傾向が強く、慣性力によって小さな突起や幅の狭い溝を飛び越えるため、水平部材の場合のように隙間や部材面に、一律な断面形状を付与することで水返し効果を得ることが困難です。

したがって、垂直面での水返しには、水が流下する面自体に水を外向きに誘導するしくみをつくり込むことが必要と考えられます。

そのしくみの一つのアイディアが斜め溝形水返し diagonal grooves です。斜め溝形水返しのアイディアは、すでに一九六〇年代の文献にコンクリートカーテンウォールパネルの縦目地部への応用事例とともに紹介されています。[5]（図6・9）

斜め溝形水返しの原理は、垂直面上に連続する斜め方向の溝（あるいは突起）を設けて、流下水を溝や突起の走る方向に誘導しようとするもので、その形状から washboard（洗濯板）の異名があります。我が国でも外壁パネルの縦目地に応用された例＊がありますが、その後ほとんど応用例を見かけません。これは製作に手間がかかる割に効果がはっきりしていないことが理由と思われます。

ところが、最近、色々な形状・寸法の溝や突起を鉛直に対して30度～60度の傾斜で配置したモデルを用いて、その効果を改めて調べたところ、開放面で流下水を誘導する働きはまさに絶大と表現してよいほど大きいことが分かりました。

溝深さや突起高さがおおむね5㎜以上の、比較的大きな凹凸をもつモデルでは、モデルの全幅に、幅10cmあたり毎分2500mlの水を流下させても、流下

※一九六〇年に竣工した住友商事ビル（東京都、神田、施工…大林組）のコンクリートカーテンウォール

図6・9 diagonal grooves（斜め溝形水返し）[5]

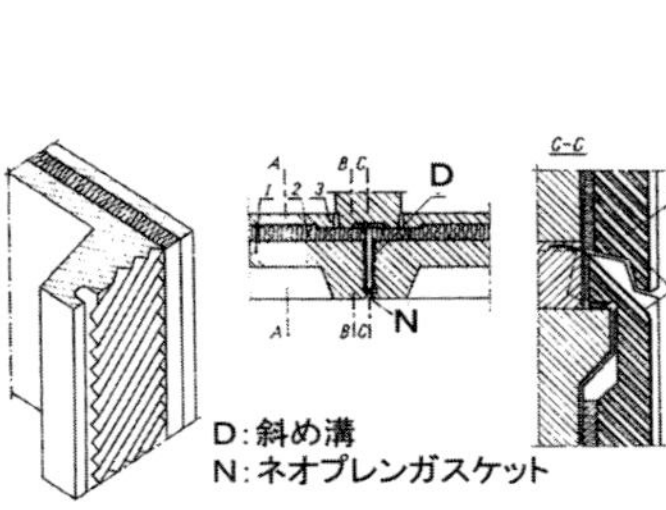

高さ30cmまでに鉛直に流れる水はなくなりました。[6] 章末技術情報6・3 この水量は壁面雨量毎分1㎜時の流下高さ25ｍの累積流量に相当するものです。
また、深さが0.5～5㎜程度の細かな連続溝や波形の凹凸面で作成したモデルでも、毎分400mlまでの流下水量に対して同様の効果が確認されました。[7]
ただし、水返し溝の下端まで誘導された水は、完全に溝の設置面の外へ排出されず、溝の間で出入りを繰り返しながらほぼ定常幅の範囲を流下します。（図6・10）これは、溝が流下水を捕捉して誘導する作用が、溝の端を流下する水に対しても働くためで、完全に取り除くことはできません。この流下が残る部分の幅Wsは、水返し設置面に外部側から入り込もうとする水に対して最小限必要な水返し設置幅と考えればよいでしょう。

このような特性をもつ斜め溝形水返しは、垂直面上で不規則な動きを示し、制御が難しい筋状流下水に対して決め手となる水処理手段といえます。浸水状況によって有効性に差があるとはいえ、立上りによって確実に水返し効果が期待できる水平部材に対して、水処理手法に決め手を欠いてきた垂直部材の納まりは、これまでシーリング処理に頼らざるをえませんでしたが、斜め溝形水返

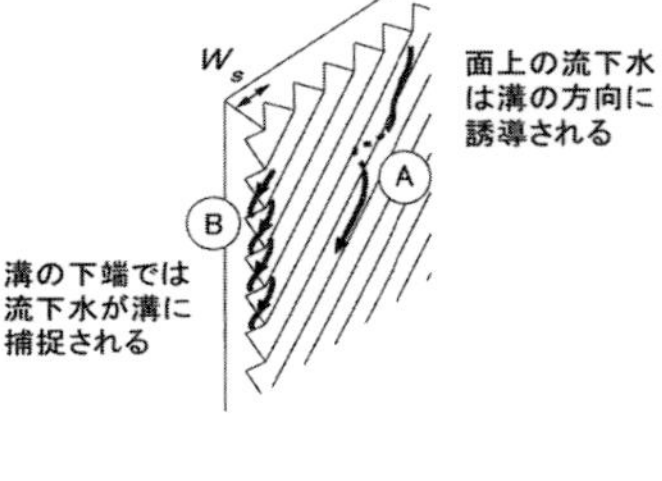

Ws
面上の流下水は溝の方向に誘導される
A
B
溝の下端では流下水が溝に捕捉される

図6・10　斜め溝形水返し diagonal grooves の働き　三角形の溝が連続する形状は洗濯板に似るため washboad の異名もある。

※ここでいう乾式構法は目地や各部取合いにシールを用いないで防水性を確保するディテールを意味する。乾式構法による防水性の確保は、外装の防雨の最も主要な部分を施工管理が難しく、耐用年数に限りがあるシールに依存している現状から脱却するためにはどうしても解決すべき課題。

しは外装材各部の防水納まりの乾式構法化に大きな道を拓くものといえそうです。*

外壁の雨仕舞上、斜め溝形水返しが有効に使える部材、位置として、次のようなものが考えられます。

(1) 壁パネル側面
(2) 外壁見えがかり面
(3) 外装材裏面
(4) 外装材縦目地のバックアップジョイナー面
(5) 外装材重ねタイプ縦目地の内面

(1)は文献に見るように、すでに実用例もある使い方ですが、特に目地の外部側をシールしないオープンジョイント形式の外壁パネルでは、有用性は高いと思われます。

(2)は、ファサード上の流下雨水を好ましくない位置から遠ざける使い方です。図6・11のように、ある程度の面積にわたって連続して設ける場合と、図6・12のように縦目地際など、納まり部の周辺に配置するケースが考えられます。

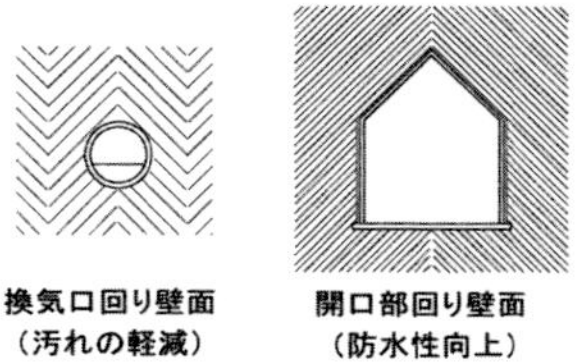

図6・11 斜め溝形水返しのファサードへの応用例と期待される効用

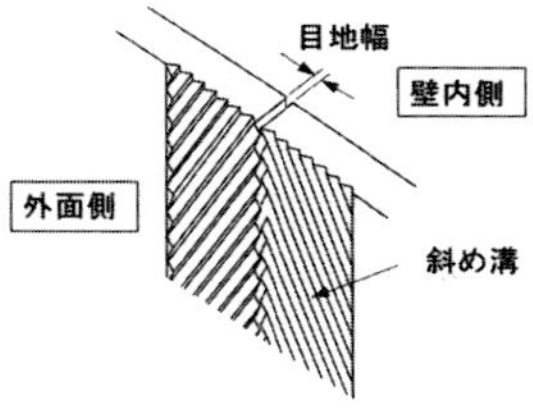

図6・12 水返しによる目地への浸水負荷軽減

この場合、もちろん意匠との両立が前提となりますが、深さが数ミリ程度の凹凸面であれば外観的にも目立たないので見えがかり面での応用範囲は広いと考えられます。[7]

(3)、(4)の使い方を示すのが、図6・13です。共に外装材の目地から浸入してきた水を、壁体内に拡散させずに下方で安全に処理するため、流下の範囲を限定させることを目的とするものです。(最終的には浸入した水は下方の水切りで受けて外部に排出する必要があります)

(5)の用例を示すのが図6・14です。目地内面に斜め溝を配置することによって、目地から浸入しようとする雨水を外部に向けて押し返し、水密性を向上させることをねらいとするものです。

上記のうち、(3)以下の使い方の有効性に関しては、開放面での水処理性の良否だけからの判断では不十分です。それは水返し設置面に他の部材がある程度接近すると、その隙間の水の流下は両側の面の影響を受けるため、開放面上の流れとは異なる性状を示すためです。

近接部材が水返し性に与える影響を、深さ0.5～3.5㎜の比較的細かい凹凸面を

図6・13　斜め溝形水返しの応用例　縦目地裏面の水返し

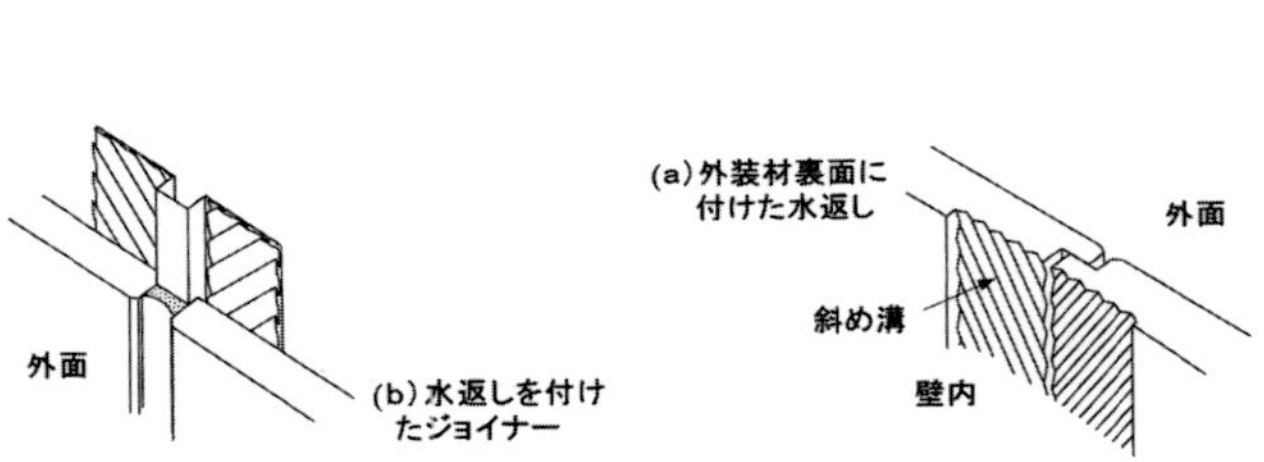

用いた斜め溝形水返しについて調べたところ、開放面では10㎜以下であった前記のW_sが、密着状態では50㎜以上になり、有効性が失われましたが、1㎜以上離れれば自由流下に関してはほとんど影響が見られませんでした。[8]

また、図6・13、図6・14のような使い方では隙間内の水に及ぼす圧力差の影響を考える必要があります。これは、溝と近接部材の隙間に形成された、斜め上方に向かう水路を充満した水が圧力差の作用で押し上げられ、その結果として水が室内側に移動するためです。（図6・15参照）これはちょうど傾斜マノメーターの管内の液の挙動にたとえることができます。P153解説6・5 この状態では斜め溝形水返しの水処理性を左右するものとは異なる種類の要因が雨仕舞上の有効性を決めることになります。つまり、目地からの浸入水で容易に充満するような浅く、狭い溝の場合は、k（設置幅）を大きく、ζ（溝傾斜角）を急にするほど高い圧力差まで漏出を防げるということになります。溝寸法が大きくなるほど水路は充満しにくくなりますが、反面、透過気流に伴うしぶきの漏出が起きやすくなります。水密圧力差を高めるための溝寸法、配置、気密条件などは個々のケースについて実験で確認しながら決める必要がありそうで

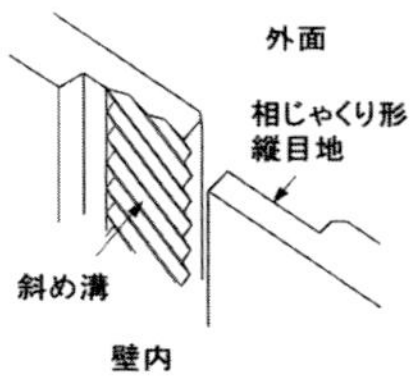

図6・14 斜め溝形水返しの応用例 縦目地内の水返し

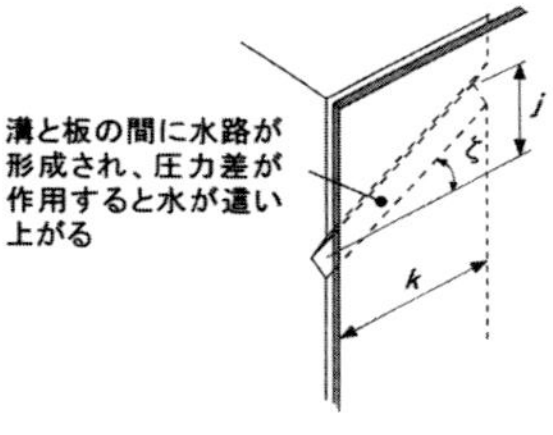

図6・15 隙間の斜め溝における水の挙動

す。

2　凹凸のない水返し

前項で述べたように、斜め溝形水返しでは、深さが0.5㎜程度の波面でも流下水を波の方向に誘導できることが分かっています。このことは流下水の鉛直方向への移動を停滞させる効果を持つわずかな物理的障害であっても、それを斜め方向に配置することにより水返し効果を生む可能性を示唆しています。

写真6・2は清浄にしたガラス面に、最近開発された極めて撥水性の高い塗料（フッ素樹脂系、塗膜面の水接触角140度以上）をストライプ状に塗布し、鉛直に、かつストライプが斜めになるように保持して表面に散水したときの模様です。不透明の部分が塗膜部分で、塗膜の上縁に沿って水が斜めに誘導され、鉛直方向への流下が起きていない状況が示されています。

この水返し効果は、水の停滞が生み出すものです。図6・16は連続する平面

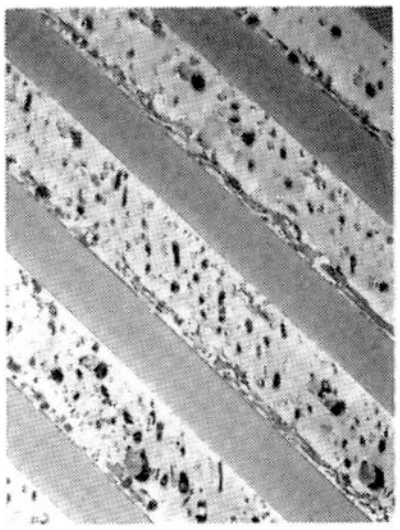

写真6・2　フッ素樹脂系塗料をストライプ状に塗布したガラス面の水の流れ（不透明の部分が塗膜、水は塗膜の上縁に沿って誘導される）

上に形成された濡れやすい面（親水性面）と濡れにくい面（撥水性面）の境界に水滴が付着した状況を示したものですが、図のようにこの水滴には上縁、下縁ともに上向きの界面張力が作用するため、境界以外の部分に付着した水滴に比べて流下しにくくなります。この境界を適度の傾斜をなすように配置することにより水返しが可能になります。[9]

この濡れ性状差による水処理手法は、凹凸のない部材面上で水処理ができるので、経済的で適用範囲の広い水返し手法として、あるいは雨仕舞にとどまらず一般性のある流体制御技術として、多くの応用の可能性を秘めています。[10]

3 縦目地隅角部の雨水の回込み

連続した壁面に発生したひび割れのような場合を除いて、目地や取合い部に生ずる雨水の浸入口は幾分でも部材の最外面から奥まった位置にあることが普通です。この場合、部材の隅角部を回り込んでくる雨水だけが入口に到達する

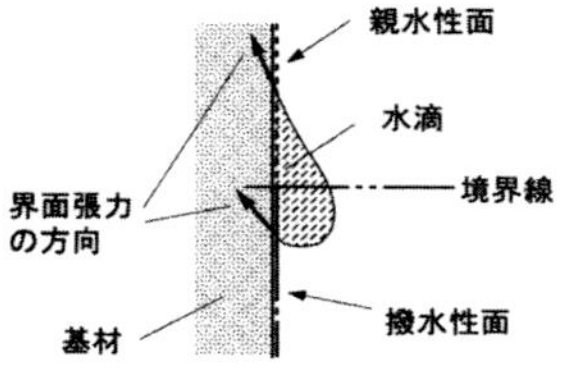

図6・16 濡れ性状差を利用する水返しの原理説明図[10]

ので、この回込み雨水の量を少しでも少なくできれば、それだけ防雨の負荷が減少し、雨仕舞上有利となり、逆に雨水の回り込みが容易であると不利になります。

この問題は垂直部材と水平部材の双方に共通しますが、水平部材隅角部における雨水の回込みはすでに5章「水を切る」で扱ったので、ここでは垂直部材の隅角部での水の回込みについて述べることにします。

面取りの影響

図6・17に示すように、隅角部に面取りがない場合と面取りがある場合では目地への雨水の回込み方に差があるのでしょうか。実際にはどんなにシャープな角であっても多少の丸みはあるので、厳密には面の幅による差というべきでしょう。図を見た限りでは確かに(a)より(b)のほうが目地の奥まで水が入っていきやすいような感じを受けますが、実際はどうなのでしょう。

そこで隅角部の面取り寸法や角度をいろいろに変えた外壁パネル縦目地部モデル（外部シールなし）を用いて、目地の隙間への浸水量を比較する実験を行ってみました。この実験では、壁面上の雨水の流れ方が結果に大きく影響する

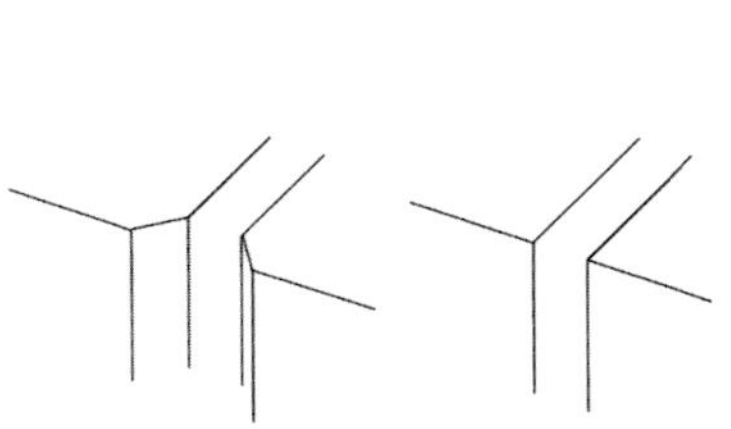

図6・17　縦目地隅角部に面取りがあると水が回り込みやすい？

と考えられたので、風雨の条件の与え方として、図6・18に示す(a)圧力箱方式と、(b)TURS方式[11][12]の二つの方法を用いました。

P154解説6・6

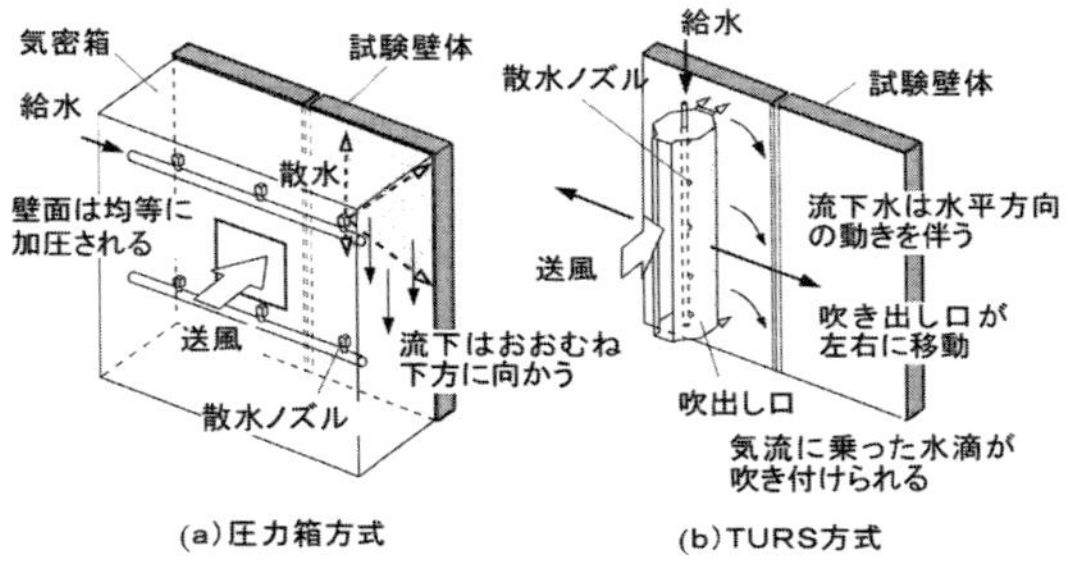

図6・18 外壁の水密性試験法

実験の結果を総合すると、目地の入口付近については、面取り幅が5㎜程度までは面取りがない場合と比べて浸水量が増す傾向がありますが、面取り幅5㎜以上では面取り寸法や形状による差はほとんど見られませんでした。また、目地の奥の方への浸水量については面取りの幅によらず影響はほとんど認められなかったことから、隅角部の面取りが縦目地浸水量に及ぼす影響は、図面から受ける印象よりはずっと少ないといえそうです。[13]

章末技術情報6・4

また、浸水量の分析から、目地内には直接開口に供給される水量（すなわち壁面雨量）のほかに、両側の壁面の流下水が余分に流入していることが分かりました。この目地の横からの流入水量はTURS方式の方が圧力箱方式より多く、その最大量はそれぞれ、目地両側の25㎜幅と7㎜幅の壁面雨量に相当しました。この差は図6・18に示される横方向の水の流れの有無によってもたらされたと考えられます。

このように、同一のモデルでも試験方法によって浸水量等の結果が異なることは、雨仕舞設計の適正な性能評価を行う上で考えなければならないことです。

目地際に突起がある場合

サッシや金属外装部材では、縦目地の両側に面取りとは逆に突起が付く場合（図6・19）があるので、10㎜までの範囲で突起高さを変えた縦目地部隙間のモデルを作成し、面取りの場合と同様の方法で浸水量を測定し、突起のない場合と比較してみました。ただしTURS方式による試験では吹出し方向を壁面に対して45度とし、流下水の横方向への移動がより生じやすい条件で実験を行いました。

図6・19　縦目地際に設ける突起の効果は？

解説 6・4 隙間内の透過気流速度

図のように通直な形状の立上り部の隙間において、前後の圧力差によって生ずる透過気流の平均速度は、位置エネルギーがほとんど無視できるので、

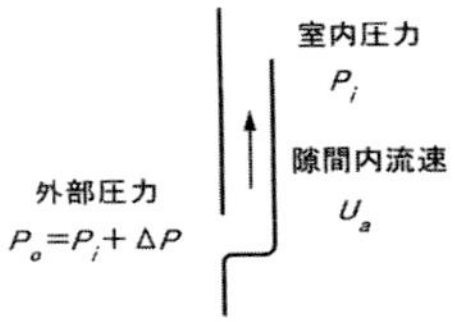

$$U_a=\sqrt{2\frac{\Delta P}{\rho_a}} \quad \cdots\cdots 式6・11$$

ここに、U_a：気流速度（m/s）
ΔP：圧力差（Pa）
ρa：空気の密度（kg/m³）
これをΔPについて書き直すと、

$$\Delta P=\frac{\rho_a \cdot U_a^2}{2} \quad \cdots\cdots 式6・12$$

U_a=5m/s，ρa=1.2kg/m³ を代入すると、ΔP=15Paを得る。

解説 6・5 傾斜マノメーターの測定原理

傾斜マノメーターは液柱タイプの圧力計の１種で、通常のＵ字管マノメーターに比べて微少な圧力差を読みやすくしたもの。

圧力差Δ Pと読みMの関係は図中の式で示され、密度の小さい液を使い、ζを小さくするほど圧力差を精密に測ることができる。

同じ式で本文図６・15のような状態で水路が充満する場合の浸水深さを求めることができる。

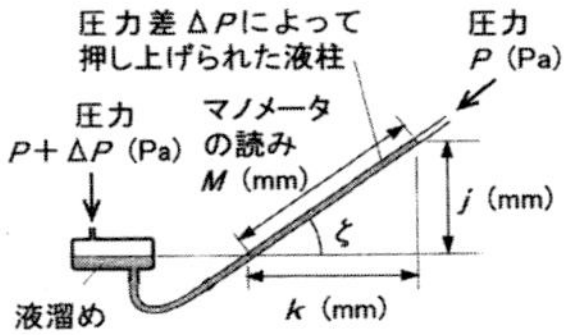

$$\Delta P=\frac{\rho \cdot g \cdot j}{1000}=\frac{\rho \cdot g \cdot M \sin\zeta}{1000}=\frac{\rho \cdot g \cdot k \tan\zeta}{1000}$$

ρはマノメーター液の密度(kg/m³)

実験の結果、圧力箱方式による実験では、ある程度予測されたことですが、突起の有無による浸水量の差はほとんどありませんでした。これに対してTURS方式による試験では突起ありの目地の浸水量は突起なしの場合に対して約半減しました。しかし、突起高さ3～10㎜の間での差はほとんどありませんでした。ちなみに突起なし目地の目地横からの流入水量は、圧力箱方式ではほとんど0でしたが、TURS方式では極めて多く、最大で目地開口あたり壁面雨量の30倍に達しました。したがってかなりの水量が突起を乗り越えて目地に流入していることになります。[14]

TURS方式は実際の強風雨を受ける壁面上の雨水の動きをよりよく再現するものと考えられるので、目地際の突起の流下水回り込み防止効果は高さ10㎜程度ではあまり期待できないと考えるべきでしょう。

解説 6・6 **外壁の水密性試験方法の種別と特徴**

圧力箱方式：
本文図 6・18（a）参照。外壁の水密性試験で一般に採用されている。
JIS A1414-1994「建築構成材（パネル）およびその構造部分の性能試験、水密性能試験」で標準試験方法として規定され、散水装置を内蔵する気密圧力箱の一面に試験体を取り付け、内部の圧力を高めて風の作用を再現する。再現性に優れた試験法で、強風時の条件を与えやすく、大型の壁面にも対応しやすい利点があるが、模擬雨滴である噴霧水滴の挙動が風の強さに対応する圧力の大きさにかかわらずつねに一様であるという矛盾点を持つ。
強風雨発生方式：
送風機で直接試験体に気流を吹き付け、気流内に散水することにより、試験体に気流に乗った雨滴を吹き付ける。実際の雨滴の運動や壁面に当たった雨水の流れに近い状態を再現することができるが、試験体の形状・寸法によって試験条件が変化する、装置間の差が大きい、強風を再現するためには巨大な装置が必要などの問題がある。かつて飛行機のプロペラー後流を利用した装置もあった。
TURS方式：
本文図 6・18（b）参照。Tokai University Rainstorm Simulator の頭文字から命名。強風雨発生方式に類するものであるが、吹出し口を試験体に沿って平行移動させることにより、試験体全面に均等な条件を与え得るように工夫した装置である。併せて図に示すように壁面上に横方向の流れが生ずる特徴を持つ。筆者が最大吹出し風速10m/sの試作機を製作し、外壁接合部の防水性に関する基礎的研究に用いた。

技術情報 6・1 立上りの隙間の水位 [1]

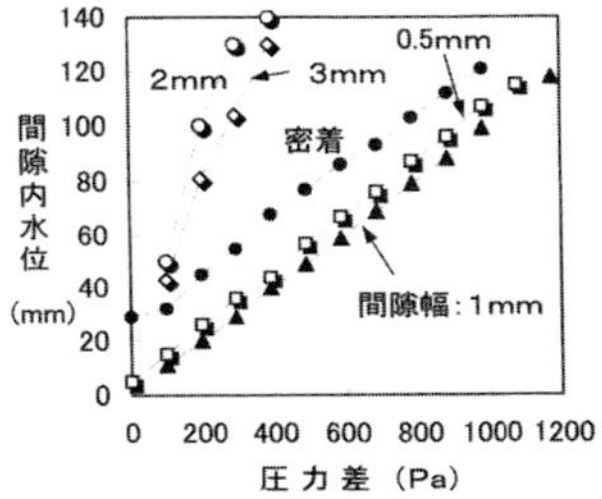

2枚の板を前後に重ねて前面に散水し、定常圧力差を作用させた時の隙間内水位測定値。

隙間幅1mm以下では釣合水頭が保持され、密着時は毛細管水位の分だけ高い。隙間幅2mm以上で気泡混入状態となり、水位は釣合い水頭の約3～5倍になっている。

技術情報6・2 気泡混入限界圧力差試算例

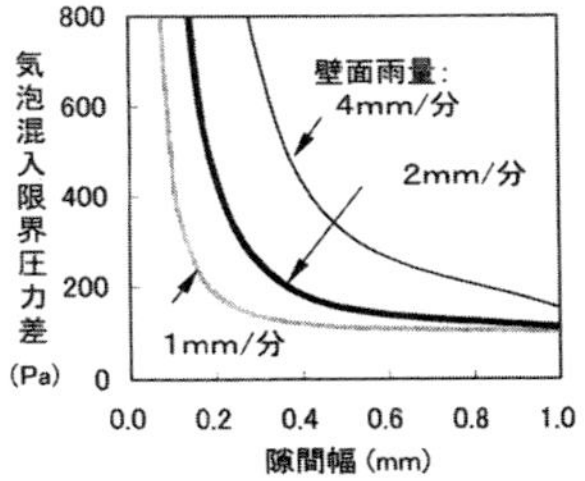

解説6･3の式6･10を用い、流下高さ3mとして、各種の隙間幅 b について気泡混入限界圧力差を試算した結果のグラフ。

数100Pa程度の圧力差が作用する条件で気泡混入状態が発生しないのは、隙間幅が0.5mm以下で、かつ、壁面雨量が極めて大きい場合に限られる。

技術情報6・3 斜め溝形水返しの効果（大きい凹凸面）[6]

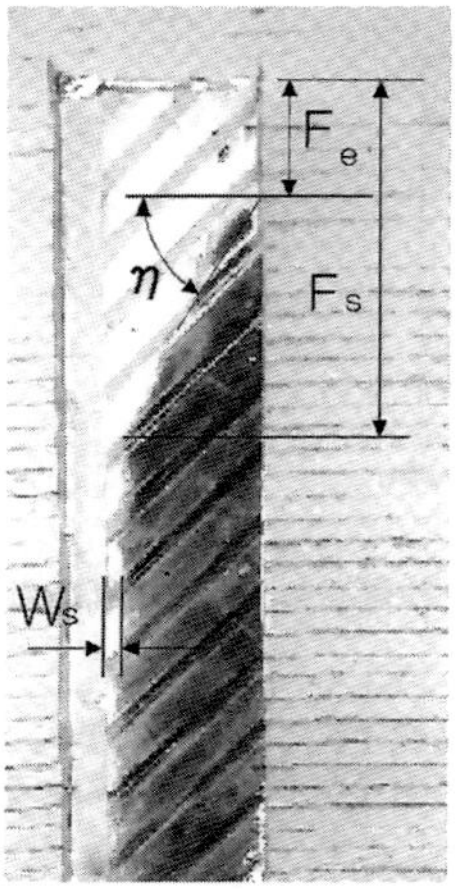

各種形状の溝や突起を連続させた斜め溝形水返しの上部から水膜を流下させ、水返し開始高さF_e、水処理角η、水返し完了高さF_S、定常流下幅W_Sを測定した実験の試験体。色が薄い部分が水が流れた跡。濃い部分は試験前に塗った水性絵の具が残っている。

水返し効果が大（F_e、η、W_Sが小）となる溝、突起形状の条件は以下のように要約される

（1）α（溝切り角）は45°以上。
（2）ζ（溝傾斜角）は45°内外。
（3）p（溝ピッチ）を狭くする。
（4）溝形状は台形より三角形とする。
（5）突起高さを大きくする。
（6）棚状突起（上部が受け勝手の形状）とする。

技術情報6・4 縦目地隅角の面取りが目地内への浸水におよぼす影響 [13]

面取り幅を変えた壁パネル縦目地モデル（高さ1.8m）に外部から風雨の条件を与えて目地内各部の浸水量を測った実験のデータ。試験時圧力差980Pa（圧力箱方式）、吹き出し風速8m/s、吹き付け角90°（TURS方式）、散水量は共に4l/m²・分

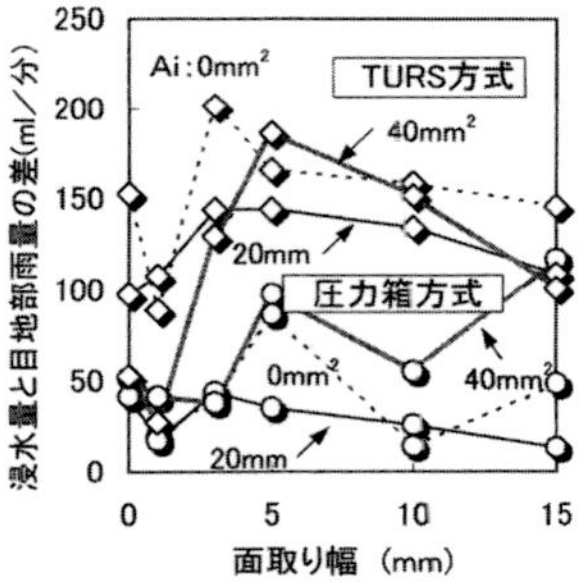

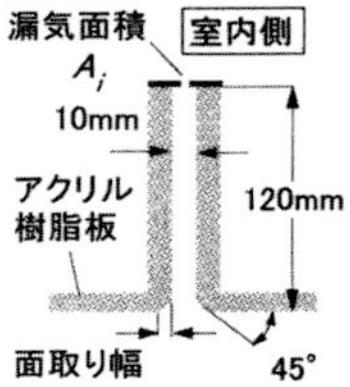

目地の両側から回り込む水量は面取り幅1mmで最小となり5mm以上では差がない。圧力箱方式よりTURS方式の方がまわり込む水量が大きい。ここでは示していないが目地内奥行き75mm以降の浸水量には面取り幅は全く関係がなかった。

7

水を殺《そ》ぐ

7-1

水を殺《そ》ぐとは

もう少し正確には、水の勢いを殺ぐというべきかもしれません。具体的には部材の形態の工夫によって流れをもたらす力を働かないようにしたり、弱めたりして、浸水や不都合な箇所への移動を防ぐことを指します。

雨仕舞で相手にする雨水の流れには、表面の流れと隙間の流れがありますが、表面の流れの制御手法についてはすでに5章「水を切る」、6章「水を返す」で扱ったので、本章では隙間の流れを対象に水を殺ぐ手法と応用上のポイントを述べることにします。水を殺ぐことは流れをもたらす力を制御することですから、ここに書かれていることは、3章「水はどう流れるかを知る」の内容と表裏一体をなしています。まだ読んでない、あるいは読んだが忘れてしまった読者は、ぜひ3章を併せて読んでください。

3章3節「隙間の流れ」によれば、流れをもたらす力は次の四つです。

(1) 慣性力
(2) 毛細管張力
(3) 重力
(4) 圧力差

このうち重力については地球上の建物を前提とする限り、その作用を消したり弱めたりすることはできない相談です。また、水返しに関して述べたように、重力は雨水を逆戻りさせる唯一の原動力として、それ自体が水を殺ぐ目的に利用できる力なので、この章では重力を除く残りの三つの力でもたらされる流れの勢いを弱め、浸入、移動を防止するための設計原理について述べることにします。

ここで念を押しておきたいことがあります。それはエネルギー保存の法則として知られるように、一般論としてある形態の水の動き（運動エネルギー）を起きないようにすれば、そのエネルギーは必ず別のかたちのエネルギーに姿を変えるのであり、消えてしまうわけではないということです。つまり、あるかたちの水の動きを止めると、別のかたちでの水の動きをもたらす力が生まれます。

そこで、水を殺ぐ工夫では、その結果生まれる新たな状況や現象に対して、支障が起きないことを確認することが大切です。

7-2 迷路

慣性力による水の移動のうち、水滴状での移動は空中をほとんど直進する現象なので、その防止には隙間を迷路状にすることが有効です。

迷路状をなす隙間の形態としてはさまざまなものが考えられますが、基本的には部材を構成する材料によって、図７・１に示す隔壁タイプと屈曲タイプのどちらかに区分されると考えられます。

慣性力で直進する水滴の動き（図中のⒶ）のみを考えるのであれば、これを止めるための迷路の形態の必要条件は反対側が見通せないことだけなので、隔

図７・１　迷路状隙間の基本形式と水の移動経路

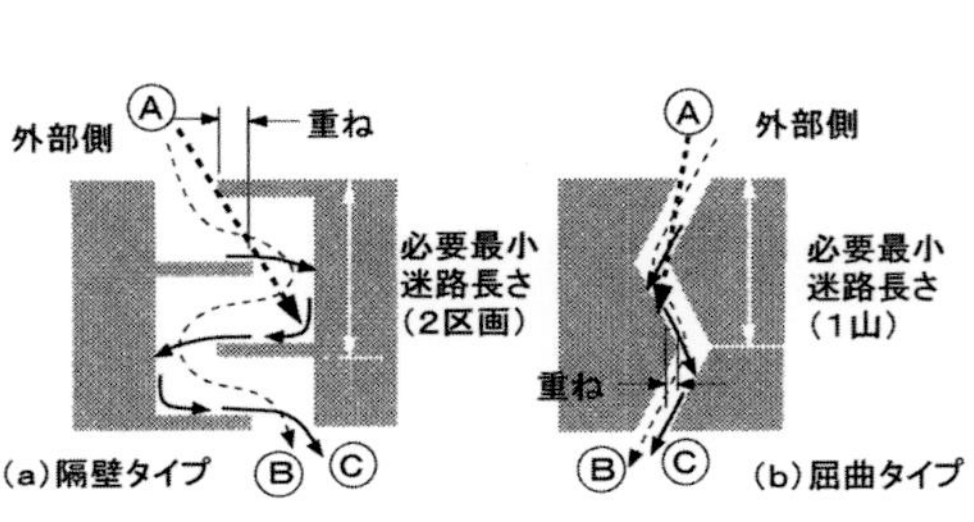

壁タイプでは2区画分、屈曲タイプでは一山分の長さ（奥行）と最低限の重ねがあればよいことになります。

しかし迷路の前後に圧力差が存在する場合を考えると、隙間内には圧力差に応じた速度の透過気流が存在し、水滴の動きとしてはこの気流に運ばれるかたちで透過するもの（Ⓑ）と、いったん隔壁や側壁に衝突して内面に付着した水が気流の影響によって飛散しながら移動するもの（Ⓒ）を考える必要があります。

実際に図7・1の二形式の迷路状隙間の模型を作成し、直接隙間を透過する水滴と、内面を経由して漏出する水の量が区別できるような工夫をして、6章図6・8に示す二つの方法で外部側から風雨の条件を与え、室内側に出てくる水量を測定してみたところ、隙間が最小限直接透視できない迷路構造をなしていれば、内部にある程度の透過気流が存在する条件でも慣性力Ⓐや気流Ⓑに運ばれる雨滴の直接透過をほとんど防げることが分かりました。[1][2]

章末技術情報7・1

しかし、もう一方の気流による内面付着水の移動Ⓒは、隔壁の先端や屈曲の出隅部から水滴が飛散して反対側の壁に移動することを繰り返しながら、次々に奥へ進行する現象なので、隙間内の気流速度が水滴を飛散させるのに十分大きい限り、隙間の通直の度合いとは関係なく生じ、単に形状を複雑にするだけでは防ぐことができません。

隙間内面の付着水の移動による水漏れの対策は二つあります。一つは透過気流を生じさせないか、十分勢いを弱めることで、具体的には隙間の室内側を狭くするかシールしてしまうことです。しかしこの方法は換気ガラリなど、通気が主目的である隙間には使えません。

もう一つの対策は付着水を気流の影響を受けない部分で流下させ、排出することです。迷路の形態が水平断面に表われる隙間、すなわち縦方向の隙間の場合、区画数や屈曲数が多くなると、内面の付着水は気流の影響を受けにくい位置で重力により流下し、漏出しにくくなります。

図7・2(a)のような横羽根式換気ガラリの羽根と羽根の隙間は一種の迷路状隙間といえますが、羽根の付着水が先端から滴下するとき、および羽根の上面を流下するときにある程度以上の流速の透過気流があると、必ず気流に運ばれ

図7・2 ガラリの隙間の雨滴の動き

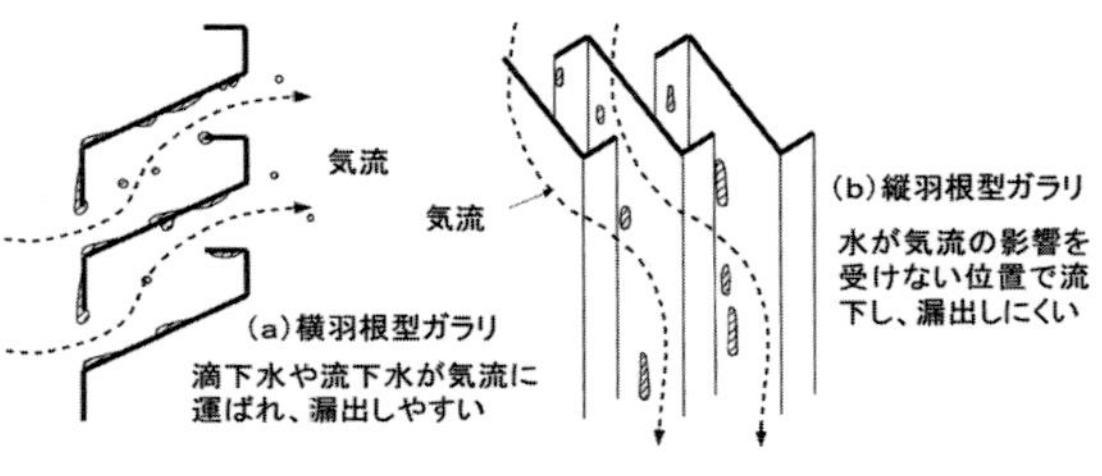
気流
(a)横羽根型ガラリ
滴下水や流下水が気流に運ばれ、漏出しやすい
気流
(b)縦羽根型ガラリ
水が気流の影響を受けない位置で流下し、漏出しにくい

て漏出します。* これに対して図7・2(b)の縦羽根式換気ガラリは、横羽根式に比べて一般的ではありませんが、前記の仕組みで水を流下させることができるので、この水を適切に排出処理してやれば格段に高い防雨性を実現できることが実験でも確認されています。[3]

章末技術情報7・2

7-3 毛細管を絶つ

3章でも触れましたが、毛細管現象による水の浸入を防ぐ方法は極めて単純で、毛細管状の隙間を不連続にするだけです。

図7・3はパネル同士の突き付け目地やボードの矧《は》ぎ目で、パネル側面やボードの重ね部に凹部を設け、部材同士が密着しても隙間の途中に広がった部分(*印)が形成され、毛細管現象による浸水が起きないようにしたディテールを示しています。この場合、広げる部分の寸法をどの程度にすれば毛細管現象の

※横羽根上面の水滴の透過気流による挙動については6章3節「水平部材面の水返し」を参照。

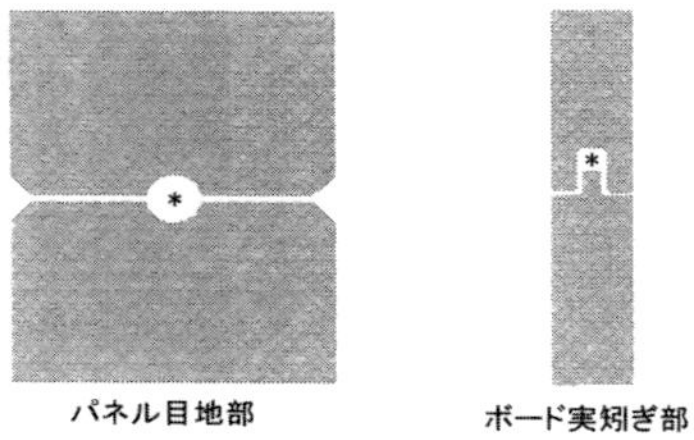

図7・3 密着した目地の途中を拡げて毛細管現象が起きないようにする (capillary break)

象の防止に有効かが問題です。
一般に雨漏りの原因として、毛細管現象は誇大に評価される傾向が見られます。簡単な実験で確かめることができますが、水中に垂直に立てた2枚の板の間の上昇水位が1cm以上になるような隙間幅は、板の表面状態にもよりますが、せいぜい1mm強といったところです。[4]

P169解説7・1

したがって、図7・3の＊印の部分の寸法は、毛細管現象の防止だけを考えれば数ミリ角で十分です。ただし、この部分が他の要因（圧力差、重力等）によって浸入した水で満たされれば、前後の毛細管が繋がったのと同じことになります。また、施工時にゴミなどが入り込んだり、長い間には隙間がホコリで詰まることも考えられるので、そのような恐れのある隙間では安全を見て十分大きな寸法にする必要があります。

図7・4は日本の伝統的な粘土瓦（J形瓦、和瓦）の重ね部の断面です。実物を重ね合わせて見ると分かることですが、瓦の端部はぴったり密着せず、必ず隙間が残るようにできています。その上、粘土瓦は元来焼成時に歪みが起き、ねじれ癖のあるのが普通です。瓦職人は個々の瓦のねじり癖を見極め、ねじれ

図7・4 粘土瓦（J形）の重ね形状　瓦同士が密着せず、隙間ができる形状になっている

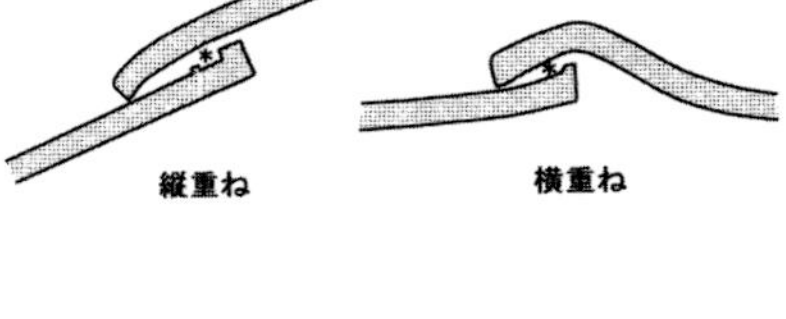

高さが相殺されるように瓦の並び順を考えて葺くので、必然的に瓦と瓦の間にはある程度の隙間が平均して生じます。この隙間は雨滴の吹込みに対しては不利である反面、毛細管現象による浸水を防ぐのに役立っています。

またこの隙間は吹込みによって瓦の裏面に回り込んだ雨水の出口にもなり、速やかな乾燥を可能にする換気口ともなります。

外部側の隙間を密着させれば雨水が浸入しにくくなりますが、毛細管の形成による浸水のリスクは増します。そしていったん浸水が起きると乾燥しにくい条件になります。J形瓦の隙間の形態は、寸法精度が悪く、細かな加工ができない素材の制約が生んだもので、その水密性は瓦単独で雨を防ぐには十分でなく、下地込みで防雨性を確保することを前提とするものですが、それが雨水の出入りに関して巧みなバランスを生み、屋根を雨から守るのに立派に役立ってきたことは瓦屋根の長い歴史が証明しています。

図7・5は英国のレンガ造建築で一般的に採用されているcavity wallのディテールです。レンガはそれ自体が多孔質で吸水性が大きい上に、レンガと目地モルタルの接着面およびモルタル自体にひび割れが発生することは避けられま

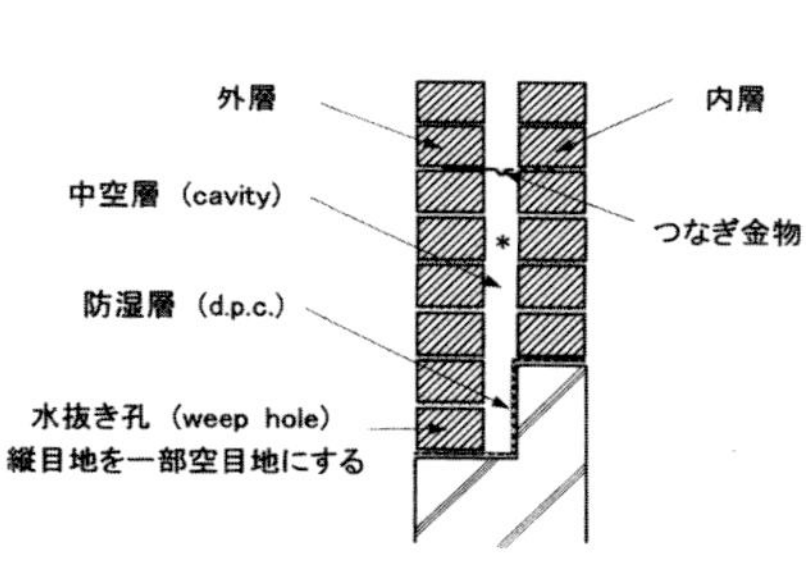

図7・5　レンガ積み　cavity wall構法

せん。このためにレンガ壁は無数の毛細管状隙間が全体にわたって内在する構造ということができます。

屋外面から室内面まで密実にレンガを積んだ壁体 solid wall は、どんなに壁厚を増しても、長期間、頻繁に続く雨で濡れると毛細管現象で浸透する雨水で壁全体が湿潤し、dampness（じめじめすること）と呼ばれるトラブルを防ぐことができません。cavity wall とは中空壁の意味で、壁面全体にわたって連続する中空層ができるように積まれます。外側の煉瓦層を毛細管現象で浸透してきた雨水は、中空層に達すると駆動力を失い、内側の煉瓦積み層への浸透が防止されます。cavity wall は毛細管状隙間の中断による雨水浸透防止の原理が壁全体の形態に表れたものといえます。[5]

P169解説7・2

7-4

等圧設計

1 等圧設計の基礎概念

3章でも述べたことですが、外装材の隙間に雨とともに風圧力が作用するとき、隙間内外の圧力差は、3種類の異なった形態の浸入をもたらします。

(1) 隙間を連続的に塞ぐ雨水に作用して流れを生じさせる。

(2) 隙間の入口を塞ぐ雨水に空気を圧入して気泡混合流を生じさせ、しぶきを発生する。

(3) 雨水で完全に塞がれない隙間内部に透過気流を発生させ、雨滴や表面付着水を引き込む。

圧力差がもたらすこれらの雨水の動きは、(1)浸水の量と拡散する範囲が大きい、(2)浸入位置より高い位置に水を押し上げる、(3)隙間の屈曲や内面の性状によってさほど作用が変わらない、という点で外装材の隙間における雨水浸入現象の最も支配的、かつ影響が大きい要因といえます。

等圧設計は、雨水の入口となる外装材の隙間に関して、前後の圧力差が極力小さくなるように（すなわち等圧に近づくように）隙間の形態や気密材の配置を工夫して雨水浸入の最大要因を排除し、防雨の効果を上げようとすることです。

等圧設計の考え方は一九六〇年代に、北欧やカナダの建築研究者によって提唱されましたが、その背景には、その頃から高層建築の外壁に盛んに採用され始めたカーテンウォールで雨漏りのトラブルが多発し、その根本的な原因を調べていくと、当時目地防水の唯一の手法であった外部側シールを唯一の止水ラインとする工法では、シーリングにごくわずかでも欠陥があると、雨と共に風圧力が作用すれば必ず雨漏りに結びつくことが認識されたこと、また使われるシーリング材料自体も現在よりは性能が不十分なものが主体であったことがあります。[6]

P170 解説7・3

図7・6は等圧設計の基礎概念を示すものです。等圧設計では雨水の浸入口の背後（室内側）に、雨水で充填されない十分な容積の空間（等圧空間）が必要です。この空間は室内空間に対して気密性の高い仕切り（ウィンド・バリア）で遮断され、かつ外部空間との間に十分な断面積をもつ通気経路が用意されて

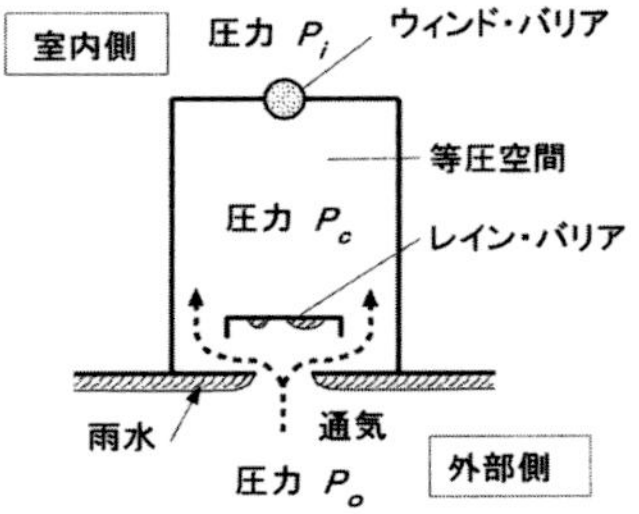

図7・6 等圧設計の概念図

解説 7・1 隙間幅と毛細管現象 [4]

幅 d の平行な2面の隙間を毛細管現象で上昇する水位は解説3・3の式3・5から

$$h_c = 2T \cdot \cos\theta_c / (\rho_w \cdot g \cdot d)$$

この関係を図のような簡単な実験で確かめることができる。
図中の式に d= 0.5、1、2 mmをそれぞれ代入すると、h_c ≒25、12、6 mmが得られる。式から逆算されるガラス板の接触角 θ_c はおよそ34°である。一般の建材の表面の θ_c はだいたいこれよりは大きいので、毛細管水位はより小さくなる。

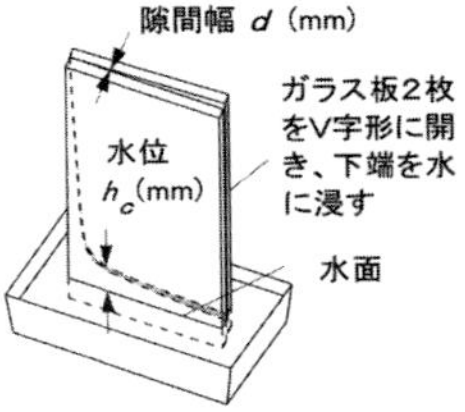

実測水位の実験式 h_c= 12.3/d

解説 7・2 cavity wall [5]

cavity wall は英国を中心に1930年代頃から普及したレンガ造壁の構造形式で、耐候性を受け持つ外層と構造耐力を受け持つ内層の間に厚さ50〜60mm程度の連続中空層をはさんだ構造になっている。

基礎上部や開口部上部など、中空層が中断される部分では流下水を処理するため、防湿層（damp proof course、d.p.c.と略記される）を立ち上げ、水抜きのために外層最下層の煉瓦の縦目地を一部空目地とする。

外層と内層は構造的に連結する必要があり、このためにwall tie（壁つなぎ金物）を目地内に一定間隔で挿入する。モルタルがこの金物の上に落下したり、d.p.c.の上に堆積すると雨水が内層に浸透する橋が形成されることになるので、施工管理が特に重要とされている。

解説 7・3　等圧設計の歩み

等圧設計を提唱した海外の文献では、同じ手法に対してヨーロッパでは two-stage sealing system、カナダでは open rain screen principle という表現を用いている。前者は外面でのシールを唯一の止水ラインとする one-stage sealing system に対比させた用語で、雨水と空気に対する遮断（seal）を異なる位置で別々に行う考え方を表現し、後者は通気をさせ、かつ雨水の浸入を防ぐレイン・バリアの必要性を強調したものであり、この二つを総合すると等圧設計の原理が一層明確になる。

two-stage sealing system でもシーリングを必要としないわけではないが、目的はウィンド・バリアの形成であり、浸水防止に関してウィンド・バリアからの一定限度内の漏気は許容されるので、適切な設計により若干シールが不完全でも漏水に至らせないことが可能である。また、ウィンド・バリアはレイン・バリアの背後に位置し、紫外線や高温、水分の作用を直接受けないので、用いられるシーリング材料が長期間にわたって劣化せず、安定した性能を維持しやすい。この２点によって two-stage sealing system はone-stage sealing system に比べてより信頼度の高い防水設計方法と位置づけられる。

我が国で実際の建築物の外装に本格的に等圧設計が採用された最初の例としては、新宿センタービル（東京都、1979年、高さ216m、設計：大成建設）のPCaカーテンウォール、商船三井ビル（東京都、1979年、高さ65m、設計：日本設計）のメタルカーテンウォールの目地がある。それ以来、このシールの水密連続性に本質的に依存しない目地構法は、設計者、カーテンウォールメーカーにそのメリットが広く認識されて普及し、シーリング材や施工技術が進歩した現在でも、最も高度な防水性と長期にわたる信頼性を要求される超高層建築の外壁を中心として不可欠の設計手法となっている。

いなければなりません。この通気経路は、浸入を防止しようと考える雨水の入口（たとえば目地）そのものであっても、別途用意されたものでもかまいません。

ウィンド・バリアの気密度に対して十分な通気があれば、等圧空間内の圧力 Pc を外部圧力 Po とほぼ等しくすることができ、圧力差による雨水浸入が起きにくくなります。[7]

しかし、等圧化できても圧力差以外の要因（慣性力、重力、毛細管現象）による雨水の移動は依然として起こります。等圧状態となった空間内に雨水が拡散すると今度はウィンド・バリアの前後に存在する圧力差（$Pc - Pi \fallingdotseq Po - Pi$）によって室内に雨水が漏出する危険が大きくなります。これを防ぐため、雨水の進入経路および通気経路には、等圧空間内への雨水拡散を有効に防止できる防雨手段（レイン・バリア）、具体的には立上り、迷路、水返しなどを設ける必要があります。さらに等圧空間内への浸水が避けられない場合にはこれを適切に排出するための水抜き手段を準備しておくことも忘れてはなりません。

等圧設計の原理は、風を通さない層の外側に、風は通すが雨滴は通過させせない層を設けるとも表現できるので、昔から建物の外装に使われてきた下見板張り壁や瓦葺き屋根の形にすでにその原理を見出せると考える人もいます。

2　接合部の等圧設計（等圧目地）

外装材の接合部に等圧空間をつくり込む、いわゆる等圧目地は、現在では目地防水に関して最も高度な性能と長期にわたる信頼性を要求される高層建築物のカーテンウォールの設計には不可欠のものになっています。

等圧目地には次の二形式があります。

(1)　開放目地型（オープンジョイント）

(2)　閉鎖目地＋通気口型

図7・7は、この二形式の目地の形態を模式的に示すものです。(1)は接合部の外部側をシールせずに開放のままとし、内部の等圧空間に外気を導入する考え方で、目地（joint）が塞がれていないのでオープンジョイントと呼ばれます。オープンジョイントは建築家にとって特別の響きをもつ言葉のようです。通

図7・7　等圧目地の基本形態

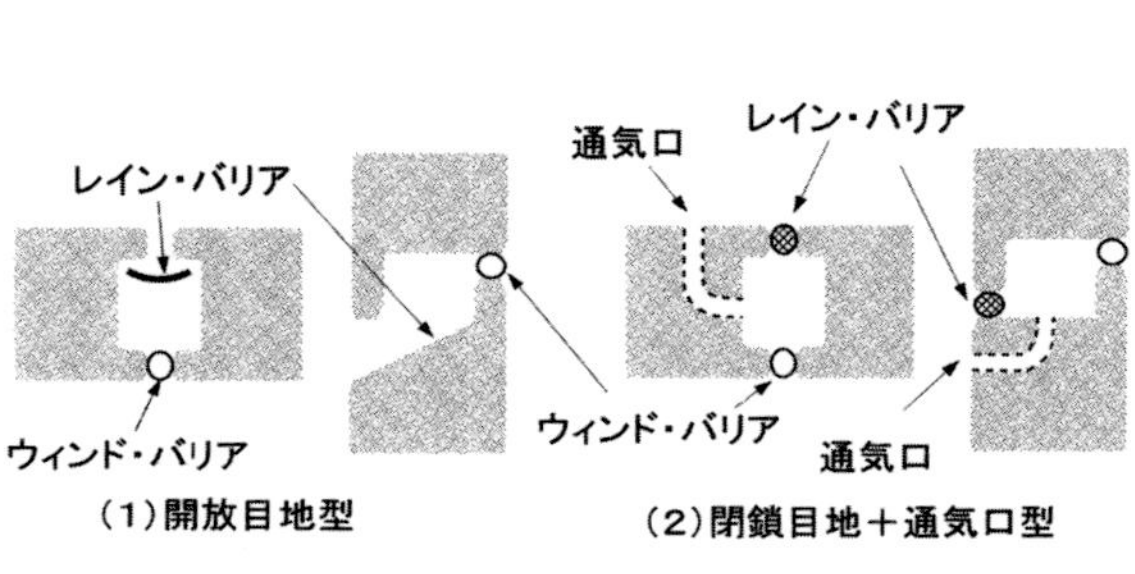

常は水を入れないために目地をシールするところを、あえてオープンにして防水性を向上させるという逆転の発想が、シーリングの欠陥でたびたび雨漏り事故の苦汁をなめてきた建築家にどこかアピールするのかも知れません。

もちろんオープンジョイントといっても、目地の奥行全体にわたって開放されているわけではありません。室内側の雨水で濡れる恐れのない位置に、気密を保持するためのウィンド・バリアを設け、さらに圧力差以外の要因によって目地内に入り込む雨水の拡散を防ぐためのレイン・バリアを設ける必要があります。（6章の「水を返す」および本章の2節、3節で述べている各手法はレイン・バリアの設計の基本です。）

オープンジョイントは上手に用いれば構造が簡単で経済的な設計となり、長期間安定した防水性を発揮できる利点があります。反面、ウィンド・バリアの施工が不完全であったり、予期しない損傷や劣化が発生して多量の漏気を許すようなことがあると、開放目地から浸入する多量の雨水で、激しい雨漏りを招く危険性も秘めています。また、目地内のある程度の範囲に雨水が入り込むことは免れないので、目地内のほこりが洗い流されて壁面を汚したり、鳥や虫が目地内に入り込む恐れがないとはいえません。
(2)の形態は通常の目地のように外部側をシーリング材やガスケットでシールしますが、内部に等圧空間を確保してこの空間と外気を連結する通気口を別途設けるものです。室内側にウィンド・バリアが必要なことはもちろんです。
外気の導入に関しては、図7・8のようにシールとは別経路で通気口を用意する形態と、図7・9のようにシール材自体に通気機構を組み込む形態がありえます。後者はいわば半オープンジョイントと呼べるもので、外部のシールはレイン・バリアとして機能します。

等圧目地の設計では次の点がポイントです。

1　ウィンド・バリアの気密性の確保

通気面積が極めて大きいオープンジョイントに比べて、通気面積が限られる閉鎖目地＋通気口型の等圧目地でより重要な問題です。ウィンド・バリアには通常ゴムのガスケットが用いられます。ガスケットは圧縮された状態で気密性

図7・8　通気口を設けた等圧目地の例

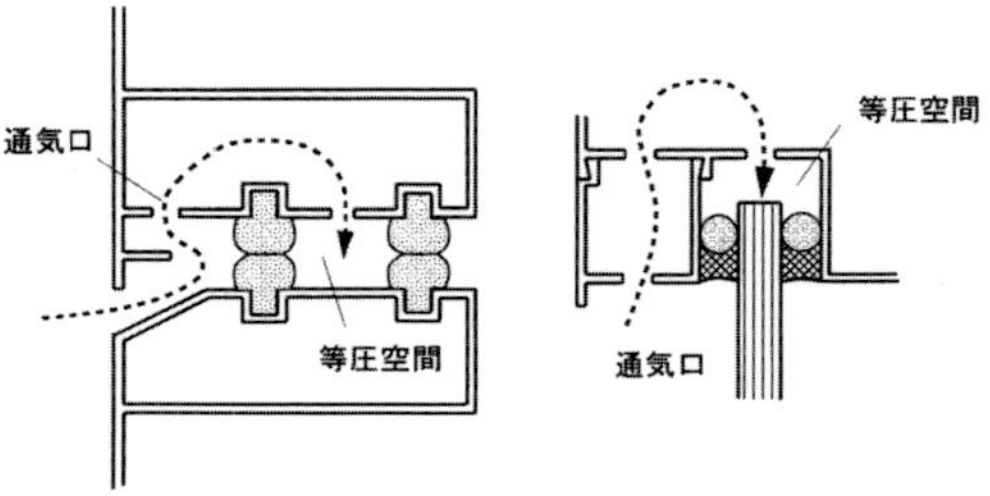

を発揮するので、部材の製作・取付け精度による目地幅の変動を考慮して、最大目地幅においても圧縮代《しろ》を確保できるような設計が必要です。また、ガスケットの突合せ部分や交差部分、目地の端部には隙間が生じやすく、取付け時のねじり変形なども起こりうるので、これらの部分の気密処理を入念に行い、施工に注意を払うことも重要です。

2 通気面積の確保

水滴や水膜で通気経路の一部あるいは全部が塞がれる可能性について検討が必要です。オープンジョイントの場合、開放目地の幅が問題ですが、雨水で閉塞される目地幅を調べた実験では、流下水量の多少より、むしろ接合される部材の方向と取合い形態による違いが大きいことが分かっています。[8]

章末技術情報7・3

通気口の場合はまず極力雨水が到達しない位置に設けるようにし、かつ、水膜で塞がれない最小寸法を確保する必要があります。水膜で塞がれない孔の寸

図7・9 レイン・バリアに通気経路を設けた等圧目地

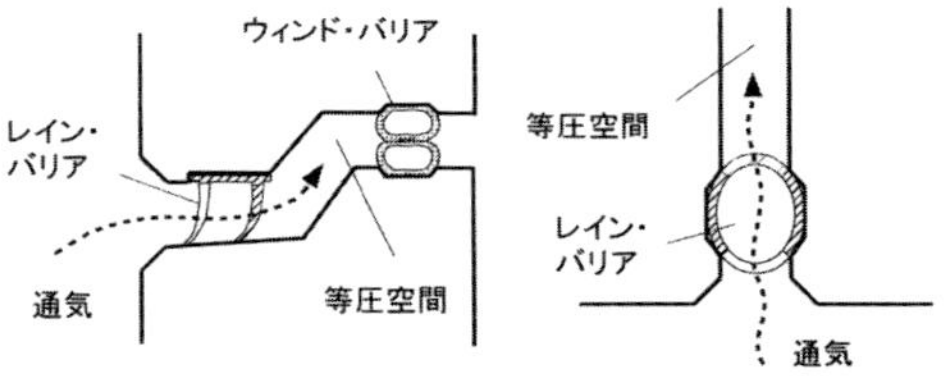

レイン・バリアに用いる2重フィンやチューブ状ガスケットの切り欠き位置を前後でずらし、しぶきが直接透過しないようにする

法は、孔の位置や板厚、材質等で変わるので、モデルを作ってスポイトで注水するなど、簡単な実験で確認することを推奨します。おおまかな目安として径や短辺幅が5㎜以下の孔は水膜で塞がれる危険をはらんでいます。水膜で完全に塞がれない場合でも、孔周辺に付着する水膜で有効通気面積は減少するので、小さめの孔の場合、必要通気面積に対して割り増しを考慮します。

3　スプラッシュ・バリア

微細な水滴でも集まれば無視できない量になります。レイン・バリアの必要性については既に述べましたが、空中に浮遊するような飛沫はわずかな気流によってウィンド・バリアの位置に達するので、飛沫の移動防止にも有効なもの（スプラッシュ・バリア）とする必要があります。図7・8、7・9のディテールにはこのような工夫が見られます。

3 クラッディングの等圧設計

下見板やサイディング材などの薄肉の外装材（クラッディング）は、目地の構造が簡易で、重ねも十分でないため、たとえば横張りタイプのサイディングでは多くは水密圧力差が200 Pa程度にとどまります。この種の外装材を用いた外壁でも、等圧設計を適用すれば防水性能の大幅な向上が期待できます。これらの材料は、目地部に雨水で充満されない寸法の等圧空間を形成することが困難なので、等圧設計を適用するには、図7・10に原理を示す二つの方式が考えられます。

(a)は大壁形式の壁体で、内外装材と間柱で形成される連続した中空層を等圧空間に利用するものです。内装材の代わりにサイディング材の通気構法で用いられる防風層を利用してもよいのですが、この場合防風層はシートではなく、ある程度剛性の高い材料で構成することが必要です。

(b)はクラッディングや下地を留め付ける胴縁や間柱などに中空断面の部材を

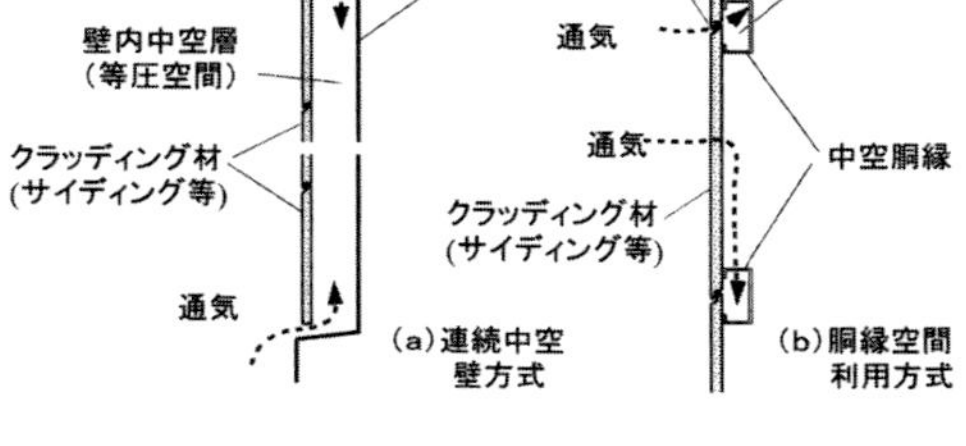

図7・10 クラッディングの等圧設計概念図

用い、内部の空間を等圧空間として利用するものです。

いずれの方式においても等圧空間に外気を導入する必要がありますが、その方法にはオープンジョイント型として目地自体を通気経路とするか、別途通気口を設けることが考えられます。両方式とも、等圧空間の気密性が確保できれば、目地部からの浸水に関して格段に高い水密圧力差を実現できる（等圧化しない場合150Pa程度で生ずる浸水を少なくとも1600Paまで認めない）ことがモデル実験を通じて確認されています。[9][10][11][12][13]

実用上の問題として、両方式共に実施工レベルでどのように等圧空間を確実に形成するかがあります。

連続中空壁方式では設備器具類の取り付けや、竣工後に行われるメンテナンス工事によって、設計で想定した気密度が不足するケースも想定されます。この点では防風層を利用する方式が安全かも知れません。また、木造建築物では間柱や胴縁である程度細かく区画された中空層が形成されますが、鉄骨造建築物では連続した大面積の中空層になりやすく、この場合、壁面上の風圧分布と通気口位置の関係によっては局部的に大きな差圧が発生したり、壁内に気流が起き、防水性の低下につながる恐れがあるので、中空層の区画を考慮する必要があります。

胴縁空間利用方式では、室内側に対して気密性が保たれた中空断面の胴縁が必要で、また、通常は目地に対して直角方向に設ける胴縁を、目地に沿って平行に設けることになるので、下地構造全体から設計する必要があります。どちらかといえばクローズドシステムとして開発する外装構法に向く方式かも知れません。

技術情報 7・1　迷路状の隙間を透過する雨水 [1] [2]

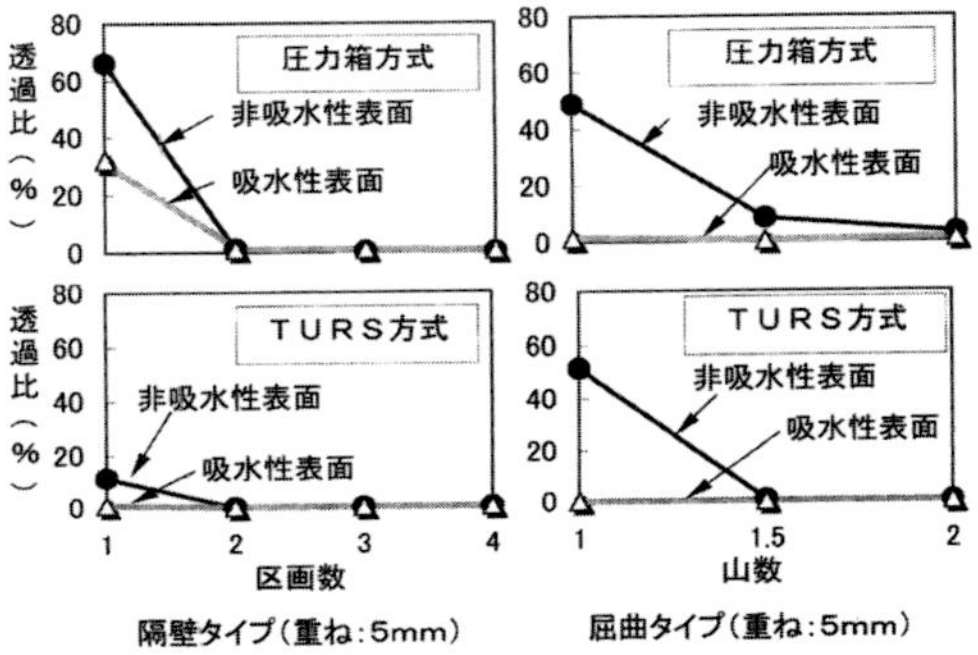

迷路状断面の縦目地モデル（高さ400mm）の外部側に風雨の条件を与えて室内側に漏出する水滴の量を測定した。内面の材質を非吸水面（アクリル樹脂）と吸水性面（ナイロンたわし）として差を調べた。

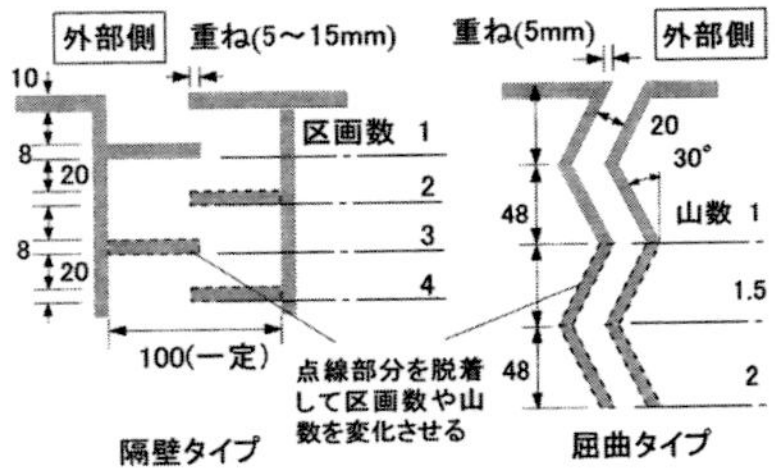

【試験条件】
圧力箱方式　散水量：4l/m²・分、圧力差：196Pa
TURS方式　散水量：4l/m²・分、吹出風速8m/s、吹出角90°

透過比は外部側開口面積あたり散水量に対する比。隔壁タイプでは区画数２、屈曲タイプでは山数1.5以上で透過比は急激に減少。内面が吸水性の隙間の透過比が小さいことから、慣性力または気流によって直接透過する水滴は内面を経由するものに比べて少ないことが分かる。迷路の最小長さ位置（２区画、１山）での直接透過する水滴の透過比は最大で３％。

技術情報 7・2 換気ガラリ（ルーバー）の防雨性 [3]

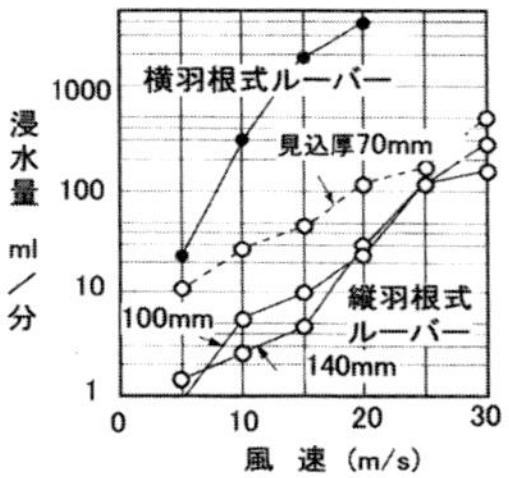

図のような羽根形状の横羽根式と縦羽根式ルーバーの前面から散水（6～8l/分）と送風(5～30m/s)を与え、室内側に浸入した水量を比較した実験のデータ。ルーバーの換気特性は両形式とも同等である。

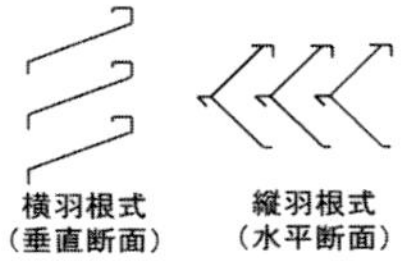

横羽根式に比べて、縦羽根式ルーバーの浸水量は著しく少ない。

技術情報 7・3 水膜で塞がれない最小目地幅 [8]

目地幅を変化させながら水平目地では上方から水流下、垂直目地では前面に散水を行って、開口上に連続的に水膜が形成されなくなる限界の目地幅を調べた。モデルはコンクリート以外はすべてアルミニウム形材で、目地長さは水平目地300mm、垂直目地2000mm。
流下水量：5～40l/m·分、散水量：0.5～8l/m²·分

区分	取合いの形式	開口の形態	限界幅 W (mm)
水平目地	平行間隙	W, 0～30	9.1
		W, 5～30	6.0
	T字形取り合い	W, 0～30	9.2
		W, 0～30	3.7
		W, 0～30	4.0
	突付け	W, 板厚 1.5～5	5.4
垂直目地	平行間隙	W	Al部材：0.8 コンクリート部材：2.0
		W, 3～30	1.6
	T字形取り合い	W	1.6

水平目地は目地幅が小さいと全面が水膜で塞がれるが、ある限界幅wを越えると水膜が切れ、筋状に水が流下する状態になる。流下水量による差は少ない。

垂直目地は散水量・高さ位置によって水膜の張り方が異なる。目地全長が連続して水膜で塞がれるのは目地幅がごく狭い範囲だけで、目地幅が増すにつれて断続的になり、ある限界幅w以上で全く水膜が張らず目地の両側面を流下する状態となる。

8

水を導く

8-1

導水とは

地下鉄の駅の通路や地下道のイメージといえば、昔は天井から水滴がしたたり落ちて、何となく湿っぽく陰気なものでしたが、今ではどこの地下も明るくカラッとして水がポタ落ちするような風景は見かけなくなりました。

これを防水材料や施工法が進歩したせいだろうと考えるのは早合点です。よく注意して見ると、天井のところどころにステンレスの浅いトレーが横切っており、そこから同じくらいの厚さの帯状の樋が壁を伝わって床の側溝まで降りているのが見つかります。（写真８・１）

目立ちにくいようにデザインされているので見過ごしがちになりますが、これは天井の防水が不完全なところから漏ってくる水を集めて処理する樋です。漏水は止まっていないのですがこの水を拡散させずに特定の経路に誘導して集

写真８・１　地下道の雨漏り対策に活用される導水手法

縦樋の足元部。トレーで集めた水を側溝に流して処理する。

よく見ないと気付かない天井のステンレス製トレー。トレーから壁に沿って縦樋が降りている。

中的に処理することによって結果的に不具合を表面化させずに解決しているわけです。

苦肉の策という見方もありますが、このステンレス樋は高い水圧がかかる地下防水の難しさの問題を、発想の転換でスマートに解決した、一種の水処理技術ととらえるべきではないでしょうか。

このように、部材表面の水を色々なところに拡散させずに、不具合の原因になりそうなところを避けながら特定の経路を通して誘導処理することを「導水」と呼ぶことができそうです。もちろん屋根の雨樋の機能も同じですが、雨仕舞の納まりに共通に応用できる水処理手法とはいえないので、ここでは触れないことにします。

雨仕舞は雨水を止めるのではなく、誘導処理することを基本としています。そしてこの雨水処理の原動力は重力です。完全な水平面以外の部材表面上の水は重力の作用で下方へ、そして表面が連続する限りできるだけそれに沿って流れようとします。この流れを中断したり、流れの方向を変えて不具合が起きないようにするのが水切りであり、斜め溝形水返しです。導水も目的や考え方は全く同じことです。ただし、水切りや水返しなどのいわば受け身の水処理技術に対して、水が選択的に流れる経路を用意して、積極的に、かつ、より自在に誘導しようとするのが導水といえます。

8-2 導水の効用

どのような方法で導水するかはさておいて、ここでは仮に屋根や外壁において任意の経路で水を導くことができたとすると、雨仕舞上どのような効用があるのかを考えることにします。雨仕舞上有用な導水パターンとして、基本的には図8・1に示す五つが考えられます。

(a)は面外へ流れを誘導することで、これによって連続した平面上から流下水を剥離させたり、隅角部での水の回込みを確実に防止し、任意の方向に処理することができます。

(b)は面内における流れ位置の変更で、流れを横にずらしたり、範囲を絞ったりすることができます。
(c)は流れの捕捉と方向転換です。そのまま直進すると都合の悪い流れをとらえ、問題のない方向に流します。

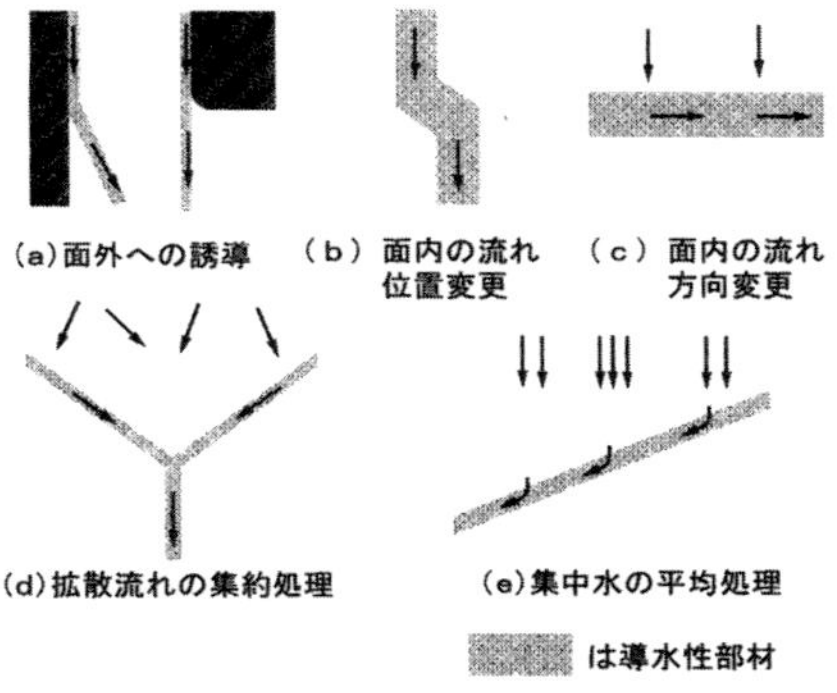

図8・1　雨仕舞における導水の効用

(d)は拡散流れの集約排出処理です。面上を不規則に方向を変えながら分散して流れる水を集め、任意の位置に排出することができます。
(e)は集中水の平均化処理です。集中して滴下、流下する水を受け、拡散させずに平均した流れに変えて流下させます。

このような流れの方向や性状を変える技術を雨仕舞に有効に使える場面は色々考えられますが、水切り、水返しなどの使う場所がほぼ決まっている手法に対して、必要に応じて臨機応変に適用できることが特徴といえそうです。したがって導水技法についての標準的な納まりといったものは存在しません。導水は雨仕舞では新しい概念なので本書でも基礎的な考え方を示すのにとどめます。応用については読者自身の独創的なアイディアに期待したいと思います。

8-3 導水の基本技術

導水に用いる材料やその配置などの技術も、現時点では確立しているわけではありません。ここでは一般的な事項を述べることになります。

1 導水に用いる部材

導水用部材の備えるべき機能面での条件は次のように要約できます。

(1) 表層から内部への水の浸透が容易なこと
(2) 導水経路方向の水の流動が容易なこと
(3) 導水経路と直角の方向への流出がし難いこと、すなわち流線外方向での保水力が大きいこと
(4) 水切れが良いこと

このような条件を満たす部材の物理的な属性はおよそ次のとおりです。

(5) 多孔性である
(6) 流路を構成する材料自体が吸水性をもたない
(7) 流路の表面積が大きい
(8) 流路の配向に異方性がある

具体的なイメージとしては、細い棒状材料を束ねたものや、非吸水性の繊維でできた密度の小さいフェルト状のものなどが浮かんできます。（図8・2）

棒状材料（たとえばガラス棒）を一方向に積層した部材を傾斜させて上下端を支持し、上端から水を流すと、水は一定量までは部材の下方に滴下すること

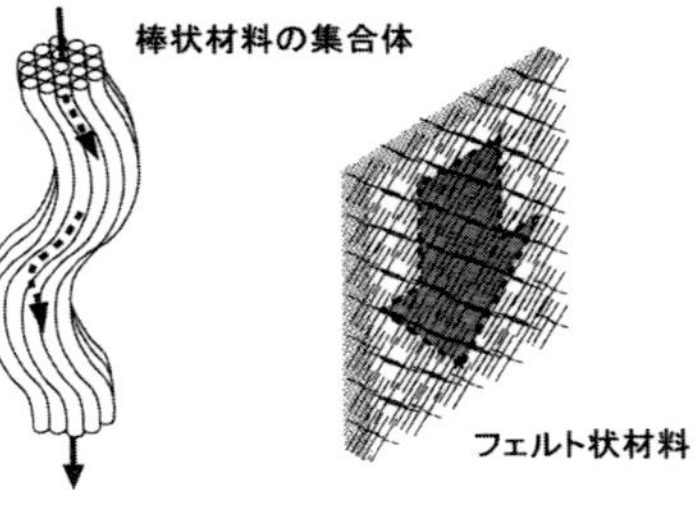

図8・2　導水部材のイメージ

なく、棒間を誘導処理されて部材の下端から排出されます。このことから、棒状材料を適切な隙間をあけて積層した部材は導水性部材として使えることが分かります。このとき、棒間の水処理能力は勾配によって異なるほか、棒の隙間が大きすぎても小さすぎても低下し、特定の隙間幅において最大となることが実験で確認されています。〔1〕 章末技術情報8・1 これは、隙間が大きいと流量は増えるが保水力が低下し、隙間が小さいと保水力は十分だが流量が低下するためと考えられます。

また、導水部材に非吸水性素材の不織布を応用する方法（写真8・2参照）については、防水の基本技術として特許が認められた実績があります。＊ 発明者自身はこの技術を主として漏水補修に応用し、多方面での有用性を実証していますが、雨仕舞の納まり設計に織り込んだ構法システムとしての実用化には至っていません。

2 導水部材の設計と配置

写真8・2 不織布の導水性を示す実験

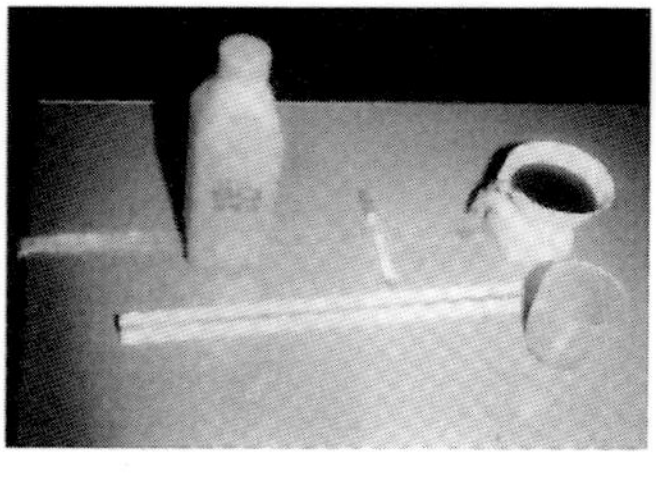

＊昭和49年出願、昭和54年公告、昭和55年1月11日特許 第982584号
特許の名称「建造物の防水装置」
発明者・特許権者…室井達之
有効期間が経過したため、現在は誰でも使うことができる。

導水部材内部での水移動の原動力は重力ですから、導水部材は基本的に垂直、ないしは傾斜配置とする必要があります。また、導水量には内部の隙間寸法の他、部材全体としての断面積と傾斜角が関係します。（図8・3）

導水部材の構造の一般的特性として、内部の流量が大きくなるにつれて保水力は低下し、導水経路外への流出が起きやすくなります。多量の導水ができ、いったん保持した水は経路外に漏らさないような部材があれば理想的ですがそのような部材の開発は容易ではないでしょう。

十分な保水力をもつ導水部材では、図8・4のように部材の一部を上向きにしても導水できる可能性はありますが、これを検討した研究[2]によるとそのような部材の水処理能力は限られたものになりそうです。

導水部材が他の部材面に沿って設けられる場合はよいのですが、独立で設置する場合、導水経路が長くなると図8・5のように中間部を支持する必要があります。内部の隙間が部材の側面に開放されている部材では、ある程度流量が多くなると、導水部材の表層付近を流れる水が支持材表面に捕捉され、経路外への流出が起きます。[3]

図8・3 導水部材の水処理能力

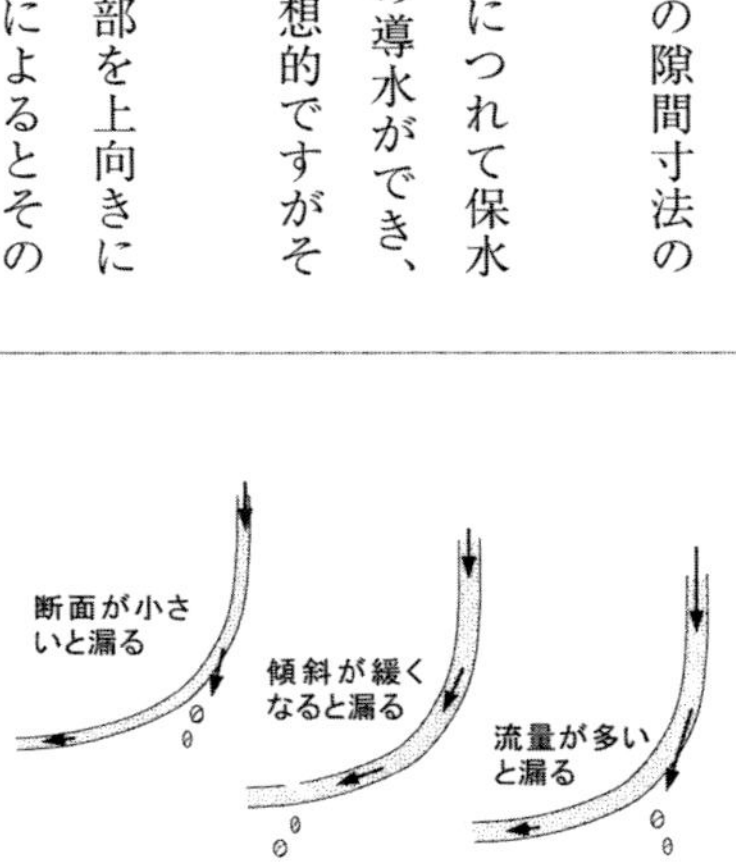

図8・4 水平や上り勾配のある経路での導水は難しい

これまでの説明で明らかなように、導水部材は内部の隙間の大きさや配向特性、部材断面積、傾斜角、中間支持条件などによって、導水経路外へ流出させることなく処理できる時間あたりの水量、すなわち水処理能力の限界が存在します。
導水設計では導水部材の水処理能力を的確に知るとともに、処理しようとする水量（供給水量）の見極めが重要ですが、これらの検討手法はまだ確立していません。

8-4
導水による雨仕舞

本章はこれまでのところ、抽象的な話になっています。本節では導水が具体的に雨仕舞に威力を発揮している具体的な例を紹介します。

図8・5　中間支持材も導水技術の課題

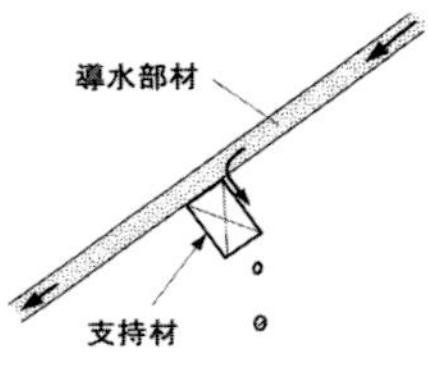

1　草葺き屋根表層部における雨水処理

茅、よし、麦わらなどの草で葺いた屋根で雨が防げることは太古から人間が知っていたことですが、考えてみると一本の草は全く雨をさえぎる能力を持たないのに、束になると防雨層として機能する、そのしくみは実に不思議ともいえます。

屋根の上の草の束は、図8・6のように根元のほうで、押さえの役割をする木や竹（ボッコ、ホコ竹その他の名前で呼ばれる）と縄で垂木に固定されています。草の束は下の段の束にかぶさるように葺かれるので、表層部には屋根面の勾配よりは緩い傾斜で、適度にばらけた草が片持ち状態で並んでいることになります。

写真8・3は実際の茅葺き屋根の表層部を撮影したもので、茅同士が密着せず、間をおいて配列している様子が分かります。ちなみに東京都の世田谷民家園に保存されている茅葺き屋根の民家3棟で茅の配列状態を実測したところ、

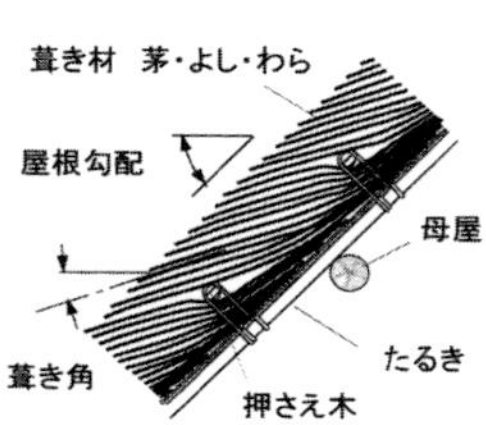

図8・6　草葺き屋根の葺き層構成

写真8・3　茅葺き屋根の表層部

屋根勾配42～46度に対して茅の傾斜角（以下葺き角という）は20～32度、また、茅100本の平均直径は4.2㎜、茅に対して直角に切った断面における茅の断面占有率は32～38％でした。[4]

つまり、屋根の表層部には棒状材料（つまり茅）を積層した導水性部材が、屋根勾配に対してより浅い勾配で、全面に配置されていることになります。ストローやガラス管で作成した草葺き屋根モデルを用いた実験では、屋根面に落ちて内部に浸透した雨水は、この導水作用によって鉛直下方に向かうことなく屋根表層に向かって誘導される結果、浸水範囲は屋根表層のごく一部にとどまることが確認されています。[4][5][6][7][8] 章末技術情報8・2

新しく葺かれた茅葺き屋根の軒先部には、雨水が浸透したために黒ずんだ層の切口がはっきりと見えますが、その厚さは屋根の葺き厚に比べてごくわずかです。もっとも、茅葺き屋根の表層部の導水効果が発揮されるのは、茅の形状が崩れず、棒の隙間が維持されている間であり、年数が経つにつれて茅は次第に小片状に分解して隙間を埋めていくため、表層部全体がスポンジ状になっていきます。こうなると導水による水処理機能は失われ、長雨が続くと雨が漏るようになります。この世で一番怖いものとして昔話に出てくる「古屋《ふるや》の漏《も》り」が始まる屋根はこのような状態なのでしょう。

2 導水シートの各種用法

ここでは前述の特許工法である、不織布を導水シートに用いる雨仕舞手法のいくつかを紹介します。発明者が標準的に使用しているのはビニロン繊維の低密度の不織布ですが、吸水性のない繊維であれば材質は問いません。ただし、市場にある不織布の構成や密度は、用途に応じて多種多様であり、どれでも良いというわけはありません。(導水の特性は見本に水道の蛇口から水を流してみれば簡単に判別できます。)

図8・7は導水シートの基本的な用例を示したものです。(a)はひび割れや隙間がある面に導水シートをかぶせ、表層の水をシートの面内方向に誘導することによって漏れを防ぐというものです。(b)は波板やその他の外装材の重ね部に導水シートを挿入する用法です。通常の重ね葺きのままでは緩勾配の屋根面で

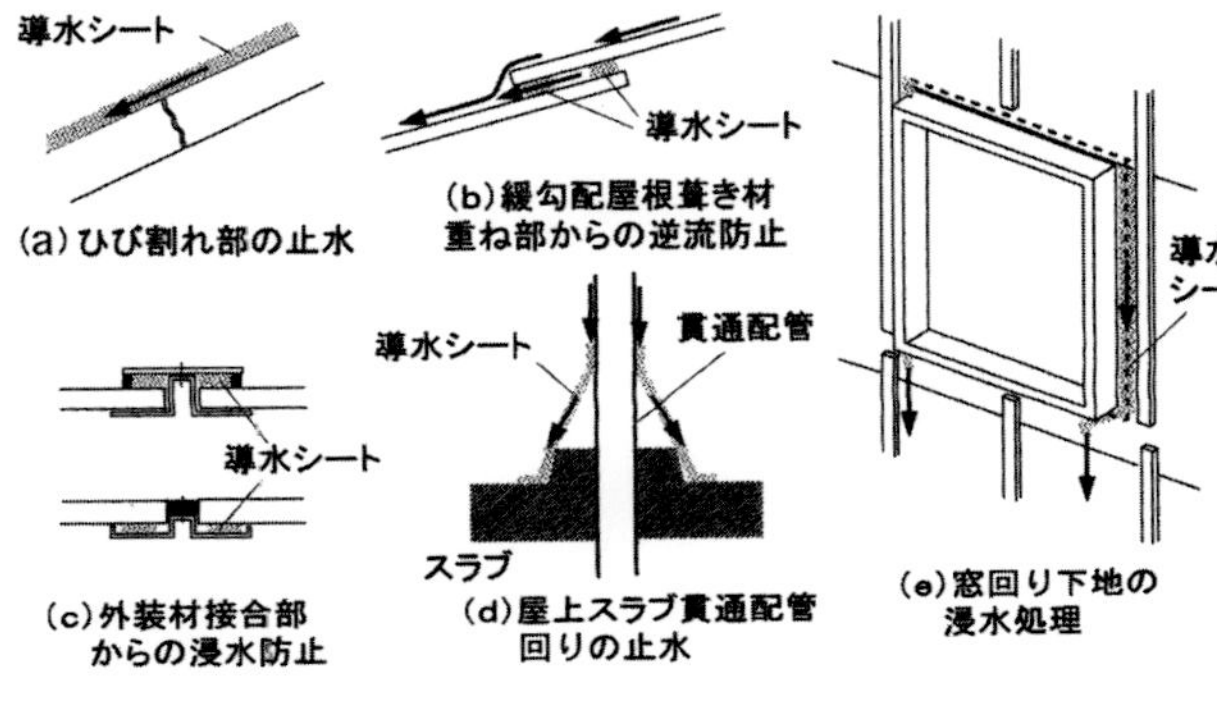

図8・7　導水シートを応用した雨仕舞の事例

は重ね部から雨水が逆流する恐れがありますが、導水シートの存在によって逆流水が捕捉されるため緩勾配屋根にも対応でき、しかもシーリング処理のように水みちを塞ぐことがありません。

(c)は外装材の継ぎ目に応用するもので、外装材と目板あるいはジョイナーとの間にリボン状の導水シートを挿入して隙間に入り込む水を捕捉し、シートに沿って誘導処理して排出するものです。笠木のジョイントの下に導水シートを敷き込むことも、同様の浸水処理効果があります。

(d)は完全な防水が困難とされてい

る屋上スラブの配管貫通部で、管の周囲に導水シートを巻き付け、管壁を伝わって流下してくる雨水を貫通部から離れたところに誘導して漏れを防ぐものです。通常このような取り合い部分で防水の完全を期するためには、管に傘状のツバを溶接して立ち上がりにかぶせる方法がとられますが、導水シートは巻き付けるだけなので極めて簡易に同じ効果を得ることができます。1カ所に何本もの管が貫通しているような場所では特に有効性が発揮されます。

(e)は窓回りのサッシと防水紙の取合いに導水シートを取り付け、サッシと外装材の納まり部から浸入した雨水を窓下枠水切りまで誘導して排出するものです。窓回りからの浸水は、最も防ぎにくいものの一つですが、ここでは導水シートが浸入した雨水を壁内に拡散させずに排出処理するのに役立ちます。

また、雨漏りではありませんが、地下外壁からの漏水を仕上げ塗材の内部に張り込んだ導水シートで捕捉、誘導処理する手法もあります。

発明者によればこれらの手法はすべて実地に応用され、有効性が確認されています。（写真8・4、写真8・5参照）

問題点としてこれらの技術はどちらかといえば応急的、または対症療法的手

写真8・4　不織布の雨仕舞納まり応用事例

銅板葺き屋根の棟包み板の下に敷き込んでいる。（写真提供：室井達之氏）

写真8・5　不織布の導水効果を利用した地下外壁漏水補修事例

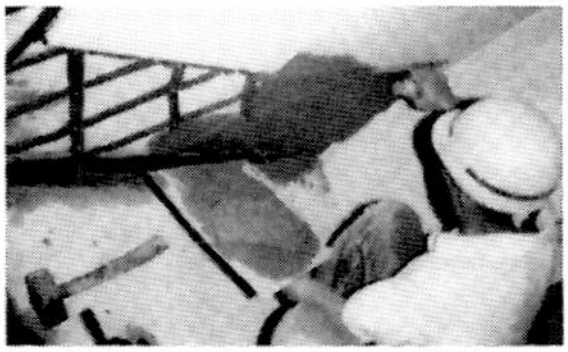

黒い網状の部材が不織布。地下室の壁から室内に浸出する水を腰部の不織布で補集し、下縁の不織布帯の勾配を利用して排水位置まで誘導する。その上をモルタルで仕上げる。（写真提供：室井達之氏）

法で、構法システムとして確立していません。また、不織布という不定形の素材を用いることから、効果が施工者の技術や経験に左右されやすく、性能が安定しないという懸念があります。しかし、これらの手法は水をせき止めることなく、流れる経路を変えてやりさえすれば雨漏りがしないようにできるという点で雨仕舞の基本について多くの示唆を含んでいます。

8-5
導水は両刃の剣？

不具合になるところを避けながら、望みどおりの方向へ自在に水を導けるという概念は、雨仕舞手法として魅力的なものであり、部材の設計や配置計画など、構法技術の確立が待たれる導水ですが、ひとたび使い方を間違えると極めて始末の悪いものになりかねないという側面があることを最後に付け加えておきたいと思います。すなわち、特定の水処理の経路を用意することは、部材設計の誤りや施工ミスによって水処理システムが破綻し、経路の途中で都合の悪い漏出や滴下が起きると、今度はつねにその部分に水が集まってくることを意味します。

導水部材の流量や導水方向などの水処理特性能力は、素材、断面、配置、支持方法の組合せによってデリケートに変化します。一方導水処理すべき水量のほうも部位、部材の全体的な形態・寸法のほかに納まり部における導水部材の配置のしかたでさまざまに変わります。ちょっとした使い方の違いが水処理性に大きな差を生みそうです。うまく使いこなせば雨仕舞に極めて有効だが、さもないとかえって水を呼び込むことになるという意味で導水は両刃の剣といえるかもしれません。

技術情報 8・1　棒状材料の隙間の水処理能力〔1〕

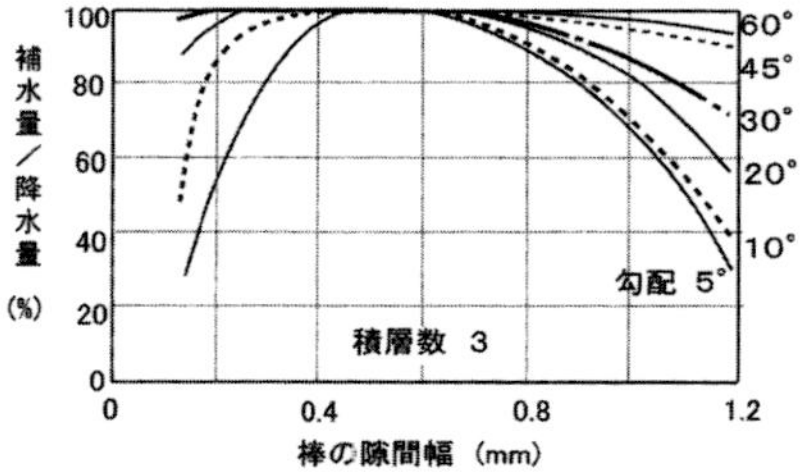

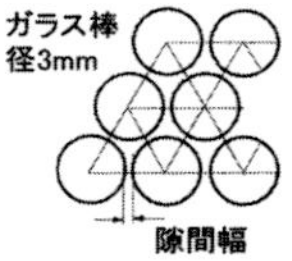

径3mm、長さ150cmのガラス棒を、図のように積層した、幅45cmの片流れ屋根モデルに、上部から人工降雨を与えて、最下端まで漏水せずに伝わった水量（補水量）を測定した実験のデータ。隙間0.13～1.2mm、積層数1～5、勾配5～60°降雨量130mm/hr。

棒の隙間が0.5mm前後で降水量に対する補水量の比が100%となり、ほぼ完全に誘導されている。隙間がこれより小さいか大きいと漏水量が多くなる。また、勾配が大きいほど導水性は高い。

技術情報 8・2　草葺き屋根層内部の雨水の浸透領域〔4〕

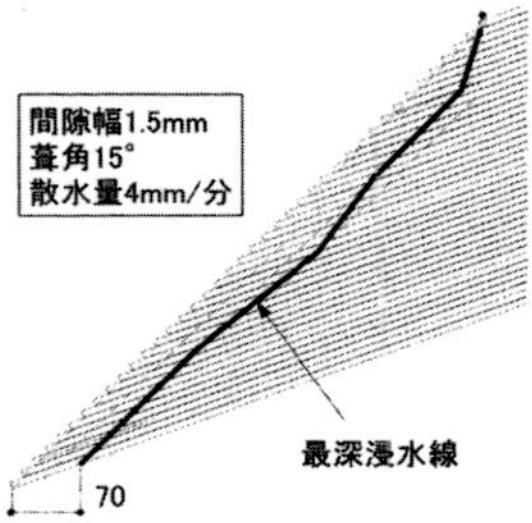

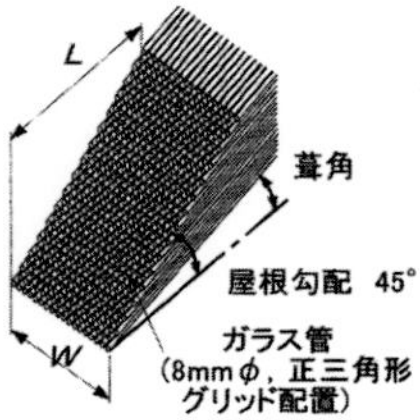

外径8mmのガラス管を積層した、図のような草葺き屋根モデルの屋根面に人工降雨を与えて、屋根層内部の浸水範囲を調べた。モデルは実際の茅葺き屋根の茅配置に近似させたもので、屋根面勾配45°、葺き材の傾斜（葺き角）15～25°、葺き材相互の隙間幅1～3mmの合計9体。葺き材の断面占有率は44～79%で、実際の茅葺き屋根の35%程度より大きい。

葺き層内に浸入した水は、葺き材の傾斜に沿って屋根面外方向に誘導され、浸水領域は表層部付近にとどまる。隙間幅3mmのモデルでも、深さ40～50mmの位置での浸水量は流下水量の3%以下、50mmを超えると0.1%以下。

9

水を抜く

9-1

水抜きの必要性

水抜きは外装材の中にある水を抜くことなので、未然に雨漏りを防ぐための手法ではありません。この意味で、これまで扱ってきた各種の雨水の制御手法とは多少性格が異なります。

しかし、外装仕上げの各部に流れ込んだ雨水や結露水をそのまま滞留させることは、カビ、汚れなどの発生を招き、不衛生で見苦しいばかりでなく、下地材や構造部材の腐朽、錆などの劣化の原因となるため、速やかに排出する必要があります。

また、建物外装の防雨システムの中には、いったん浸入した水を排出することを前提として成り立っているものがあります。この場合、水抜きは積極的な防雨手法となります。

また、建物外面に設けた水抜き孔は、当然のことながら逆に水や空気の入口にもなり得ます。水を抜くために設けた孔が雨漏りの原因になっては困ります。水の滞留が起こりやすい箇所、水抜きを必要とする構法を知るとともに、水抜きと逆流の原理を正しく把握することも雨仕舞に不可欠の知識です。

9-2

水抜きの急所

1 雨水を溜めないように抜く

建具下枠

建物外面で雨水の滞留が起きやすい場所の代表的なものは、引違い形式などのレールの付いた外部建具の下枠です。アルミサッシでは下枠に勾配を付け、レールの両端を切り欠いて水抜きとしていますが、掃除が行き届かないとほこりで水抜きがふさがり、水が溜まっているのはよく見る光景です。引き違いサッシの水密限界圧力差は最終的には下枠レール内の水位で決まることが多く、レール内への浸入水量の抑制と水抜きの有効性はサッシ設計の要点になります。

今はあまり見かけなくなった木製の雨戸の一筋敷居は、浅い溝状になっているためそのままでは水が溜まってすぐに傷んでしまいます。このため、樋端《ひばた》（溝の縁）の一部に欠き込みをしたり、手間をかけた工事では敷居を縦に2分割して間に隙間をあけて水が落ちるように工夫していました。

雨戸に関しては戸袋の内部も水が溜まりやすい場所なので底面に水抜きを忘れないようにします。

屋根軒先

瓦やスレート、金属板などで葺いた屋根の防雨性は、屋根材と下葺き材の協同によって発揮されるものです。すなわち、ほとんどの雨水は屋根材が受け止めて軒先に流しますが、大雨や強風雨時に葺き材の隙間から浸入する雨水に対しては、屋根材の下に設けた下葺き材で受けて野地板から下には漏らさないようにしています。

図9・1　屋根材から下葺き材の上に回った雨水はどこから排出されるのか？

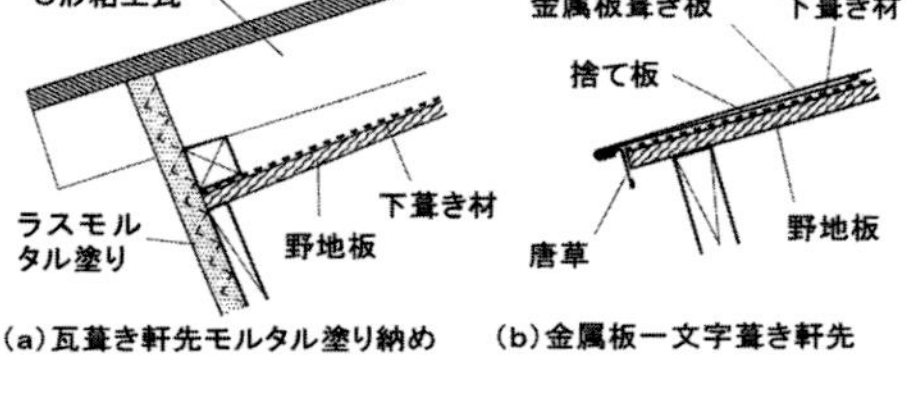

ところで、葺き材の隙間から下葺き面に落ちた雨水はどうなるでしょう？瓦葺きで伝統的に行われていた土《ど》葺きでは厚くおかれた葺き土が一時的に吸い取って、この水は天気になれば瓦の隙間から蒸発していたと考えられますが、現在の構法ではアスファルトルーフィングなどの非吸水性の下葺き材があるだけですから、屋根材から入った雨水は当然軒先部に集まってきます。

したがって軒先部の下葺き材の納まりは、上面の流下水が容易に排出されるようになっていなければなりません。ところが、日本の建築物の納まり図や実際の施工の状況を見ると、下葺き材の重ねや取付けまでは考えられていても、その上を流れるはずの水の出口についてはほとんど注意が払われていないように思われます。（図９・１）

これと対照的なのがヨーロッパ諸国の瓦葺きやスレート葺き屋根に見られる軒先のディテール[1]（図９・２）です。屋根材の下には野地板は使われず、たるきに underfelt と呼ぶ下葺き材を張った上に屋根材受けの桟木を打ち付け、屋根材を固定します。軒先部ではこの underfelt は軒樋の中まで延ばされ、下葺き材の機能が明快な納まり図になっています。

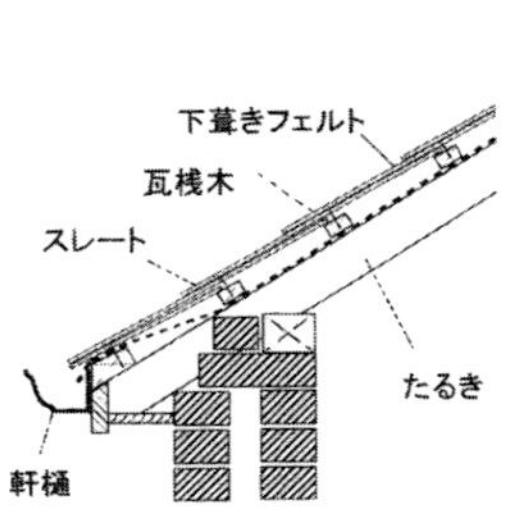

図９・２　英国の標準的なスレート葺き屋根軒先部の納まり（文献[1]に基づいて作図）

外壁土台回りおよび雨押さえ上部

サイディングやラスモルタル塗りなどの外壁仕上げ材と防水紙の関係も、屋根材と下葺き材の場合と全く同様です。したがって、壁仕上げの欠陥からの浸入水が壁材と防水紙の間を流下し、この水が最終的に集まってくる土台部分の水切りや、流下が中断される下階屋根の雨押さえ、庇との取合い部では、防水紙を水切りや雨押さえの立上りにかぶせ、外装材の下部から排出されるようにすることが原則です。（図９・３）

もちろん特別な理由がない限り、この部分をシールして出口を塞いではなりません。この点、サイディング張り外壁で標準的に用いられている通気構法の壁面足元部のディテール（図９・４、(a)）ではサイディング下端と水切りの間に10㎜程度の隙間をとるので問題はありません。

サイディングと開口部上枠の取合い部（図９・４、(b)）のシールは専門家の間でも意見が分かれるところです。この位置では上部の壁面からの浸水で発生した壁材と防水紙間の流れが中断されるため、これを排出するにはシールをするべきではありませんが、この取合い部から浸入した水がサッシ上面を横に伝

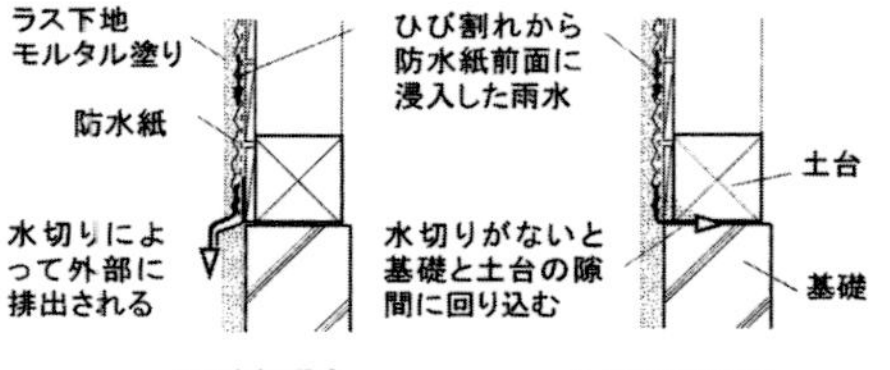

図９・３　モルタル塗り外壁の基礎回りの雨水処理

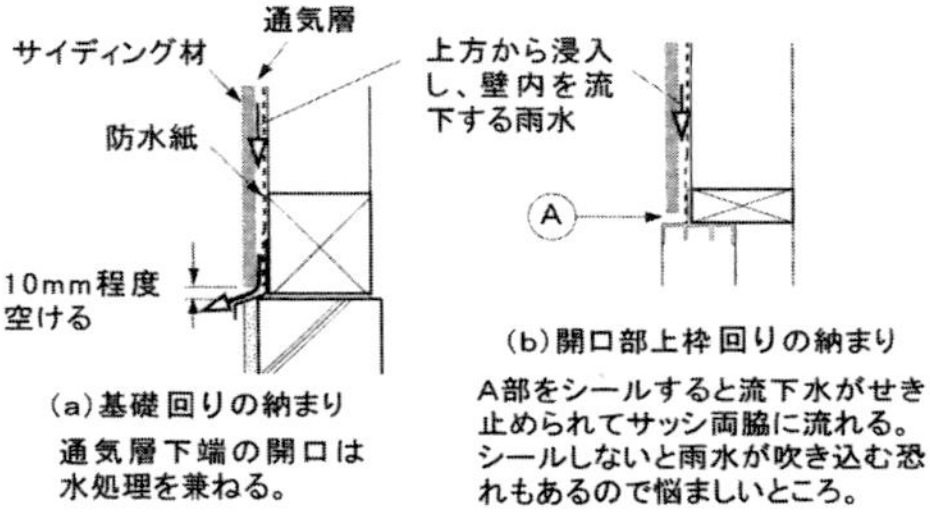

(a)基礎回りの納まり
通気層下端の開口は
水処理を兼ねる。

(b)開口部上枠回りの納まり
A部をシールすると流下水がせき
止められてサッシ両脇に流れる。
シールしないと雨水が吹き込む恐
れもあるので悩ましいところ。

図9・4　サイディング張り外壁（通気構法）の雨水処理

わってコーナー部から縦枠に回り、防水紙の背後に入り込むことが懸念されるので、シールすべきだという意見もあります。

サイディング材とサッシの取合い部の雨仕舞は現実に雨漏り事例が非常に多く、実務上の難問の一つです。今後、サッシの構造を含めた根本的な研究開発が必要ですが、とりあえず上記の問題については、サッシ上枠上面の水がコーナーから回り込まない対策を講じた上で、取合い部の一部にシールをしない部分を作り、水抜きができるようにすることがよいと考えます。

2　雨水を落としてから抜く

何が何でも外側で雨を止めるのではなく、あとから抜くことを前提に、ある範囲まで浸水を許容することによって、より信頼性の高い雨仕舞を実現している例があります。7章で紹介した cavity wall はその一例です。外層から浸透して cavity 内を流下し、d. p. c.（damp proof course —防湿層—の略）の上に集まった雨水を排出するため、外層レンガ積み最下層の縦目地に一定間隔でモルタルを詰めない箇所を作り、水抜き孔 weep holes としています。（図7・5）

内開きや縦軸回転タイプの建具は、開閉機構上、引違いや外開きタイプのように、下枠に立上りを付けることができません。これらの建具では下框と下枠の取合いにウェザーストリップ weather strip と呼ばれる接触片を設けて雨水と隙間風を防ぐようにしていますが、可動部である以上、接触部からある程度浸水することはやむを得ません。

図9・5に示すディテールではweather stripの隙間から浸入した雨水が容

易に呼び込まれる部分を設け、この部分から外部に通じる水抜き経路を準備することによって、weather strip の止水性に依存するだけでは得られない高い信頼性と防雨性能を実現していることが分かります。

これらの構法では、水抜きは雨仕舞の主役とまではいかなくても準主役的な役割を果たしてるといえそうです。

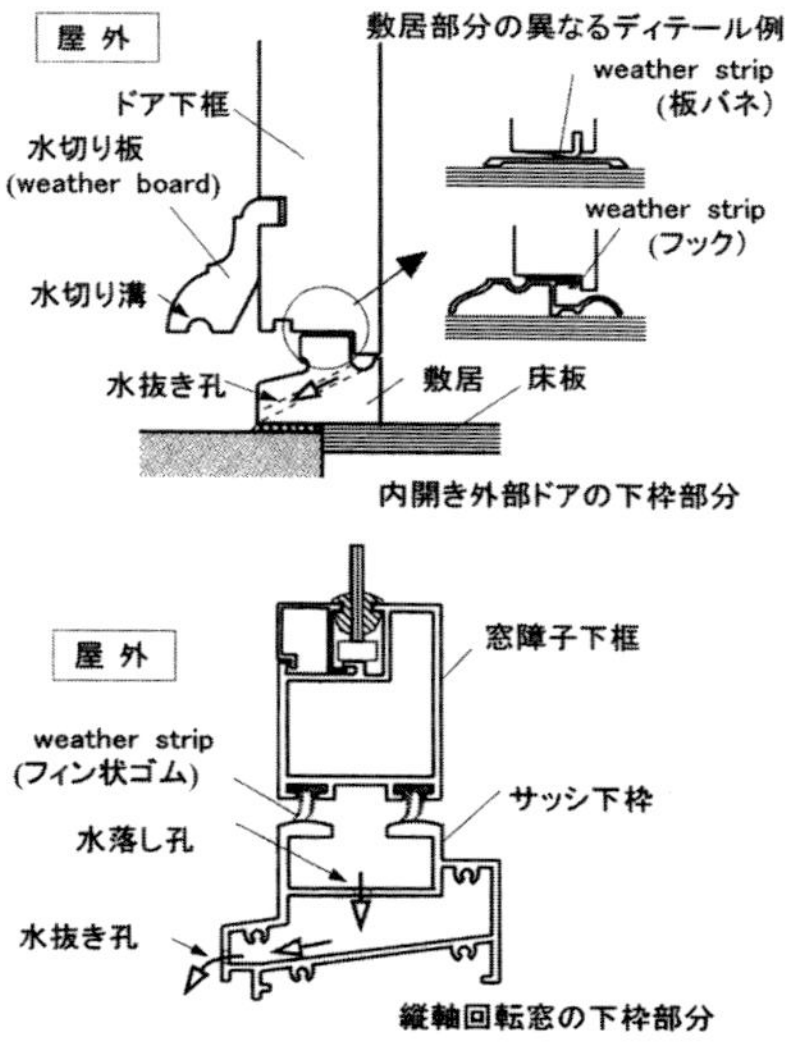

図９・５　水を落としてから抜くディテール（文献[1]［2］を参考として作図）

3　結露水の処理

結露自体は雨仕舞の問題ではなく、部位構法全体として防止を図るべき問題ですが、どうしても避けがたい結露水の排出は、雨水処理と何ら区別のない問題になります。

外壁で結露水処理が重要な部位の例として、図9・6に示すような金属系カーテンウォールの腰壁部分（スパンドレル）が挙げられます。金属系の外装で、特にこのような部位では、気象条件や断熱処理の程度によっても異なりますが、壁面温度の低下に伴う裏面結露の発生は避けがたいので、内部を流下する結露水が天井裏や、下方の窓面を濡らさないように集めて排出処理する必要があります。結露水を集めるためにスパンドレル下端部に設ける部材をフラッシングと呼びます。

集まった結露水の処理は無目材の水抜き孔を通して直接外部に排出するか、ドレン管で屋内の配管に導くことになりますが、直接外部に排出する場合は外

図9・6　カーテンウォールの結露水処理）文献[2]に基づいて作図）

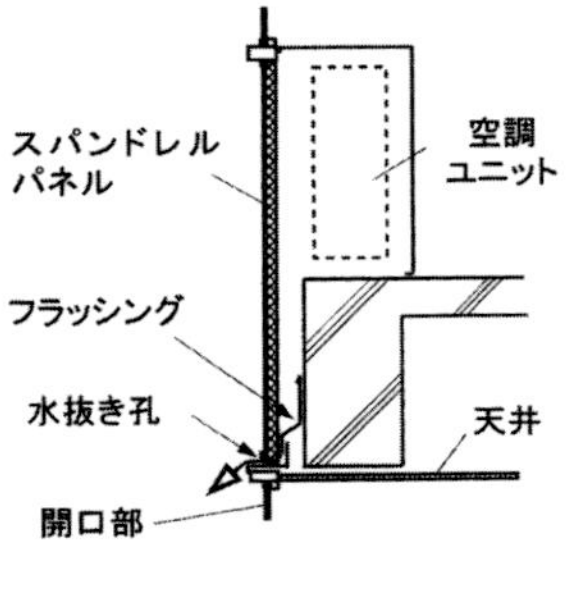

部から圧力が作用する条件での排水の支障や、空気の圧入によるしぶき発生の対策を考える必要があります。

天窓、トップライトでの結露水は適切に排出処理しないと、直接室内に滴下するため、特に入念な対策を要します。このため、採光材料、枠材の断熱性を高めて極力結露の発生を抑制するとともに、万一の結露発生に備えて、結露水の誘導経路を確保し、末端に水抜き孔を設けます。ここでも水を誘導処理する原動力は重力ですから、採光材面自体に十分な勾配をもたせるとともにその下端に集水樋を用意し、さらに水抜き孔までの落差を確保することが重要です。すなわち、屋根面から採光面まで十分な立上りがとれる条件でないと、結露水処理は困難です。

9-3

水抜き孔の排水能力

容器に溜まった水を孔から排出するときの流量は、孔の中心から水面までの高さ（位置水頭）と孔の形状寸法だけで決定され、図9・7に示す簡単な式で表されます。P214解説9・1

式の流量係数 c の値として、一般に刃状オリフィス（縁の厚みが小さい開口）の標準値とされている0.6が使われますが、厚さ3㎜の板にドリルで開けた、比較的小さな寸法の孔で、かつ水頭が50㎜以下のようなごく小さい場合について排出量を実測してみたところ、孔の部材内の位置や寸法でかなり値が異なることが分かっています。[3] 章末技術情報9・1

外部に直接排出する水抜き孔の場合、排水量には水頭以外に風圧などによる内外の圧力差 $P_o - P_c$ が関係します。この場合、図9・8に示すように位置

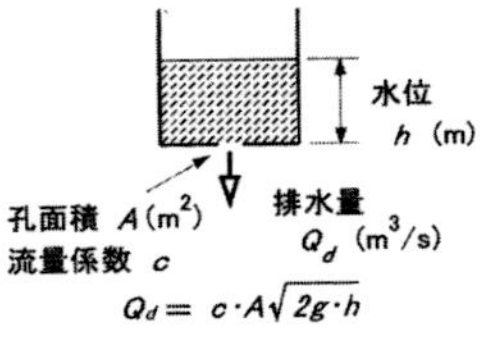

図9・7 孔の排水量

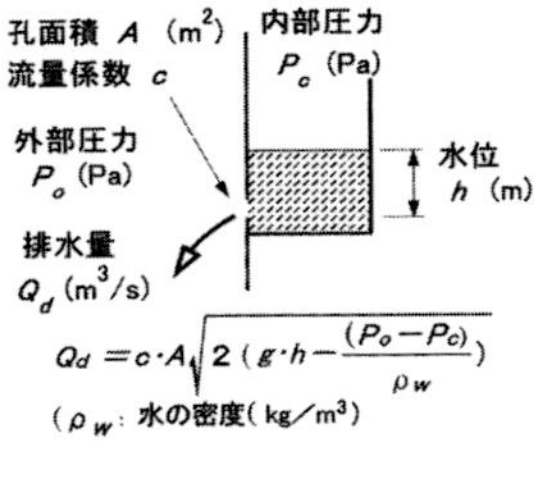

図9・8 圧力差作用時の孔の排水量

水頭$g \cdot h$が圧力差分の水頭$(P_o - P_c)/\rho_w$より大きいときは、スムーズに排水が行われ、その時の流出量は図中の式のとおりです。P214 解説9・2

ところが、位置水頭が圧力差分の水頭より小さくなると、図9・9のように水抜き孔から空気が逆流するためスムーズな排水ができません。このときの排水状況は孔の大きさと排水区画の気密度によって異なり、小さな孔（円孔では4㎜φ以下）では排水が全く起きませんが、それ以上大きな孔で、ある程度気密度が保たれている場合は、孔から入り込んでくる空気と入れ替わるかたちで水が排出されます。[4] 章末技術情報9・2 いずれの場合も入り込んでくる気泡によって水は乱され、水面上にしぶきが飛散します。

圧力差が風圧に起因する場合、風の息によって壁面の風圧力はつねに変動しているので、一時的に排水が阻害されても、圧力低下時に排水が行われるため、最終的には孔より上方の水はすべて排出されます。しかし超高層ビルの壁面などで一定以上の高い風圧力の持続が想定される条件では、排水容量不足による水の溢れなどが起きないように変動風圧下での水の抜ける速度と平衡水位を検討する必要があります。

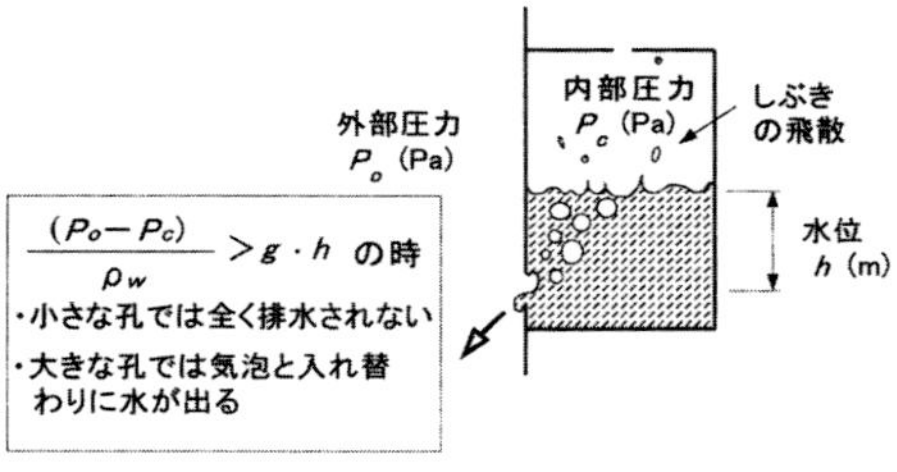

図9・9 位置水頭より大きい圧力差が外部から作用する時の排水状況

解説９・１　水抜き孔の排水量

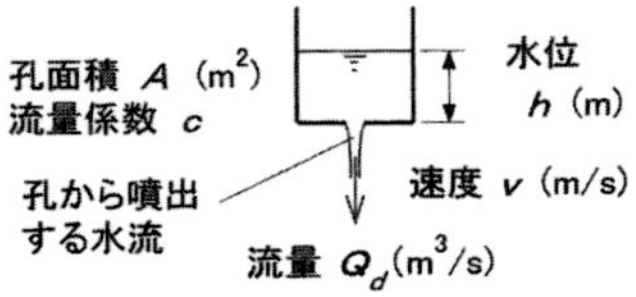

$$Q_d = c \cdot A \cdot v = c \cdot A\sqrt{2gh}$$

$Q_d = c \cdot A\sqrt{2gh}$　……式９・１

は水理学においてオリフィス（容器の出口）から噴出する流れの流量式として知られる。
ここで　g：重力加速度（約9.8m/s^2)
　理論的には流量は孔の面積と流速の積であるが、流れ出る水の断面は出口の面積より小さくなるのでその分少なくなる。その低減比が流量係数と考えればよい。

解説９・２　外部から圧力が作用する場合の水抜き

$Q_d = c \cdot A\sqrt{2\left(gh - \frac{P_o - P_c}{\rho_w}\right)}$　……式９・２

は、解説６・３（6.7）式を裏返しにしたもの。考える流れの向きが反対なので、位置水頭と圧力水頭が入れ替わっている。

上式で、

$$\left[gh = \frac{(P_o - P_c)}{\rho_w}\right] < 0$$

すなわち、

$$h < \frac{(P_o - P_c)}{g \cdot \rho_w}$$

の時、根号の中が負の値となり、理論上排出できない。(実際には条件により排出されるが、気泡混入によりしぶきが発生する）たとえば（$P_O - P_C$）として300Pa程度の圧力差を想定すると、

$$h < \frac{300}{10^3 \times 9.8} = 3.1 \times 10^{-2}\ (\mathrm{m})$$

つまり、水位が31mm以下になると排出できないか、排出がしぶきの飛散を伴うようになる。

9-4

水をどこへ抜くか？──排水経路の計画

最初に水を外に抜くか屋内で処理するかの問題があります。

一般的な水抜きの方法は排水区画の水下の外部空間に通ずる位置に水抜き孔を設けることです。（図9・10(a)）この方法のよいところは、孔を開けるだけなので簡単でコストもほとんどかからないことですが、すでに述べたようにこのタイプの水抜きは外部空間と排水区画の間に正の圧力差が作用するとき、その圧力差が排水の障害となることが問題です。

先にも述べたように、圧力差はつねに変化しているので、最終的には水は抜けることになりますが、圧力差が排出しようとする水の位置水頭を上回る条件では、水抜き孔から入り込む気泡によって水が乱され、上方にしぶきが飛散します。しぶきの飛散は折角水抜き処理をしようとする排水区画内の濡れ範囲を

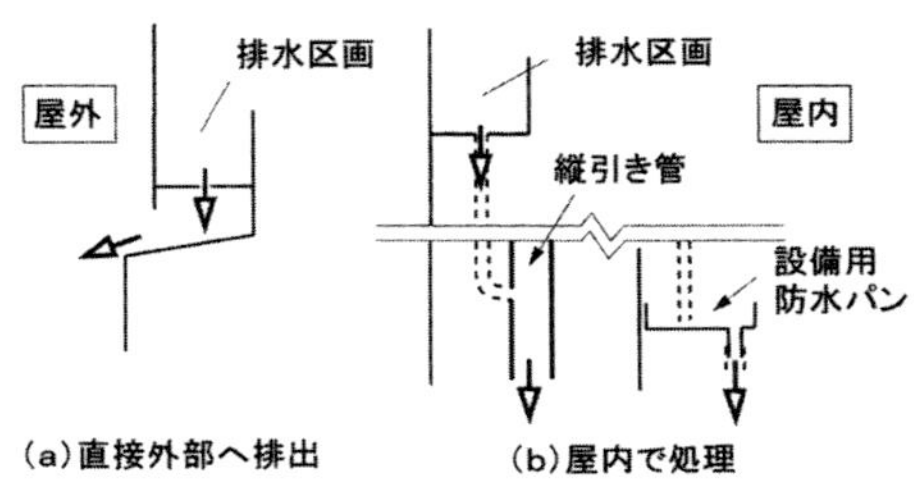

図9・10 排水経路の計画

拡大するので、好ましくありません。したがって圧力差が発生する可能性のある水抜き孔の内部には、有効なしぶき止めを設ける必要があります。しぶき止めについては9章6節で述べます。また、孔から外に水が出るということは、逆に外から水が浸入できるということでもあります。そこで外部に面する水抜き孔は、極力壁面上の雨水で直接覆われることのない位置に設けるようにします。

外部に直接出す水抜きには、別の問題もあります。寒冷地では、水抜き孔からの滴下水が凍結してつららに成長する恐れがあるので、水抜き孔を設ける位置に注意が必要です。[5] そのほか、流出する水による下方壁面の汚染にも留意する必要があります。

これに対して、屋内側で排出処理する方法（図9・10(b)）は、上記の問題点は全てクリヤーできますが、管工事が伴い、また、外部に直接抜く水抜き孔の単純さに比べて、メンテナンスに関しても心配が残ります。設備機器のドレン経路と組み合わせるなど、単純で信頼性の高い排水処理の工夫がほしいところです。

いずれの排出先を選ぶにせよ、最終的な排出口に至るまでの排水経路における水処理も重要です。排水区画内では下地材による水の停滞、流下水の蛇行による濡れ、滴下に伴う跳ね返り飛沫の拡散などが起きやすいので注意が必要です。途中に突起のある垂直部材表面に水を膜状に流下させた実験によると、突起の高さが2mm程度でも飛沫が発生し、下方の空中に広範に飛ぶことも分かっています。[3]

章末技術情報9・3

カーテンウォールの設計で、図9・11(a)のようにパネルや形材同士の間の縦横の目地部にできる中空部を連続した樋と見なして、目地の隙間等から浸入した水を一番下に集めて排出する考え方があります。このような排水計画を行うと、排水経路となる縦目地での水返し、縦横目地の交差部における水切り処理が不完全な場合、目地内の流下水の室内側への移動を招く恐れがあります。特にオープンジョイントで目地内に多量の浸水が想定される場合は危険が大きくなります。水処理の確実性が見込めない場合には、図9・11(b)のように目地内の空間を連続させずに部材単位で区切り、区画毎に排出処理するほうが安全性が高いと思われます。

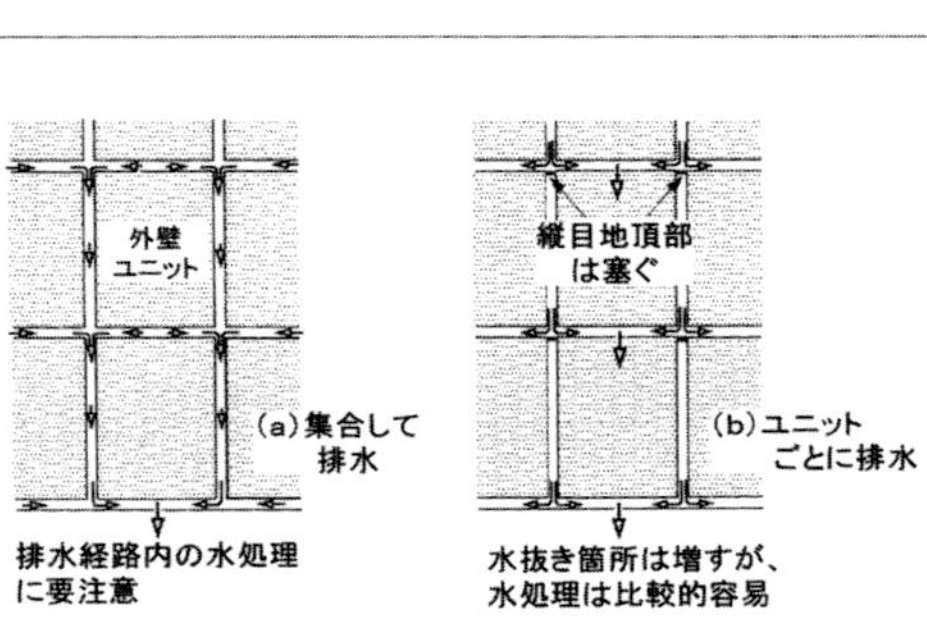

図9・11　目地内の排水経路の計画

9-5

水抜きパイプの有効性

壁体内部から外部に排水する場合、孔から直接抜かず、出口までパイプで誘導してやることも少なくありません。この場合、水の出口から排水区画までの高さは位置水頭に利用できるので、パイプの長さを十分取れば、外部から正の圧力差が存在しても支障なく円滑に排水を行うことができる、との考え方があります。これは正しいでしょうか?　答えはノーです。以下にその理由を述べます。

まず、排水が行われている途中で圧力差が作用する場合を考えます。圧力差が作用する前のパイプ内の水の状態が図9・12(a)です。このとき、パイプの断面に比べて出口の孔径が小さいと、(b)に示すように、パイプの上方に空間が生じた状態になります。この状態で外部から正の圧力差 $P_O - P_C$ が作用しても、

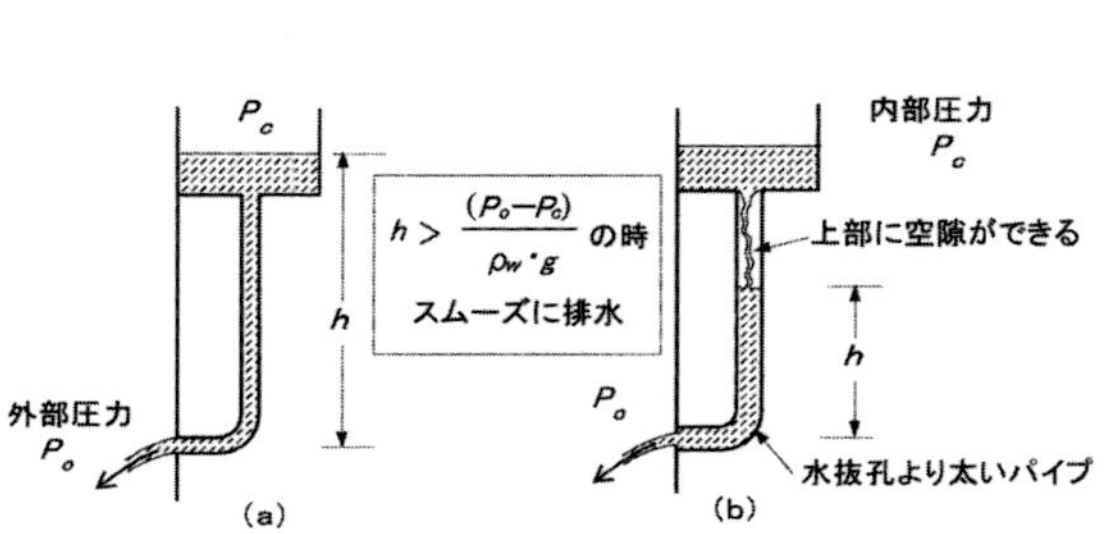

図9・12　水抜きパイプが排水に有効な状況

位置水頭 $g \cdot h$ が圧力差の水頭 $(P_o - P_c)/\rho_w$ より小さい間は円滑な排水が行われます。

しかしいったん圧力差が減少して排水が進行し、パイプ内に部分的にしか水が存在しなくなった状態で再び圧力差が増大すると、図9・13(a)に示すような気泡の混入に伴うしぶきの飛散、あるいは(b)に示すようなパイプ内をプラグ状に塞ぐ水の吹上げが起きます。後者の場合、吹上げはパイプの高さと無関係に発生するので、いくらパイプを長くしても排水区画内への逆流を防ぐことはできません。既に圧力差が作用している状態で排水区画内に水が流入する場合には(c)に示すようにパイプ内には外部から排水区画内に向かって気流が生じているので、よほど太いパイプでない限り、パイプの中へ水が流入しません。圧力差が減少すれば流入は起きますが、その途中で圧力差が増加に転ずれば、(a)や(b)の状態になります。[6]

結局、水抜きパイプはたまたま圧力差を上回る位置水頭が形成されたときには排出を速める働きをしますが、圧力差の変動を考えた場合、通常の水抜き孔と比べて逆流防止に対する格段の効果はないということになります。

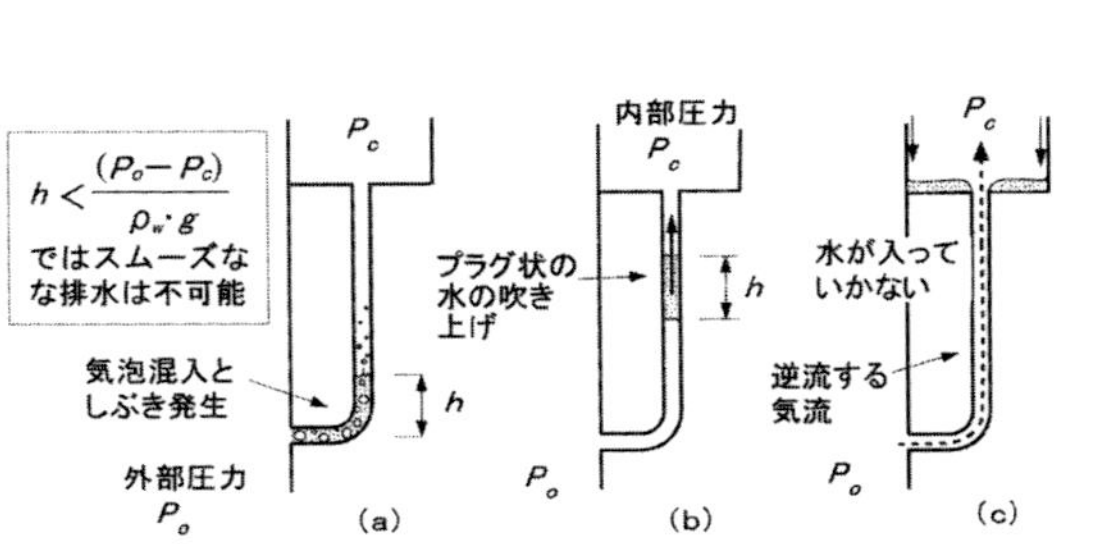

図9・13 水抜きパイプが有効に働かない状況

圧力差作用時の排水機能の改善のためにパイプの中間に逆流防止弁のようなものを設けることも考えられますが、ほこりの詰まりなどに対する長期間の作動の保証ということになると疑問が残るところです。

9-6 しぶき止め

これまで述べてきたところから明らかなように、風当たりの強い位置で外部に直接排出する形式の水抜き孔や水抜きパイプには、空気の逆流に伴うしぶきの飛散や吹上げを抑制するため、背後に有効なしぶき止めを設けることが不可欠です。

逆説的な言い方になりますが、有効なしぶき止めの必要条件とは、実はしぶきを自由に発散させることだともいえます。図9・14はしぶきの飛散を局部的に制限する意図で、水抜き孔の背後に接近して設けたしぶき止めの例を示しま

図9・14 水抜き孔に接近しすぎて有効性が低いしぶき止め

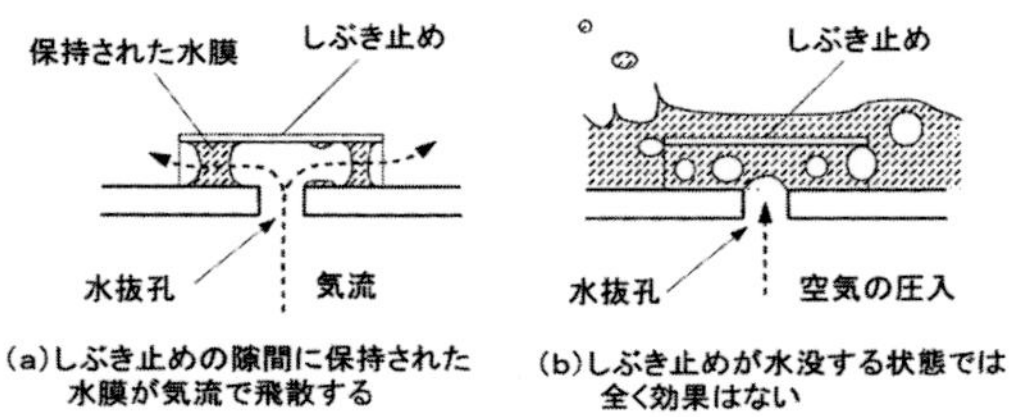

しぶき止め
水抜孔
空気の圧入
(b)しぶき止めが水没する状態では全く効果はない
保持された水膜
しぶき止め
水抜孔
気流
(a)しぶき止めの隙間に保持された水膜が気流で飛散する

す。しぶき止めの両端は開いていて水が抜けるようになっています。

ところが、このような形態の部材は排水が済んだ後、トンネル状の排水路の中に水膜を保持するので、空気の逆流時この水膜が破れてしぶきを発生させてしまいます。また、しぶき止め全体が水没する状態で外部から圧力差が作用すると、しぶき止めがない状態と全く変わることなく気泡の混入によってしぶきが水面上方に飛散し、用をなしません。

これに対して、図9・15に示すようにしぶき止め内部に水膜が張らないように十分大きい断面を持たせ、水に水没しない高さに設けると、しぶき止めの下側ではしぶきが飛散しますが、それから上への飛散の状態はしぶき止めの大きさや形状によって変わるため、しぶき止めの構造次第ではかなりの圧力差まで、排水区画内のしぶき飛散を抑制することができます。[6]

しぶきの拡散は慣性力による移動なので、7章「水を殺ぐ」で述べているように、透過隙間を迷路状にすることが有効です。図9・16はこのような原理に基づいて筆者が考案した、しぶき止めの一例で圧力差1000Pa程度までの飛散防止有効性が実験で確かめられています。

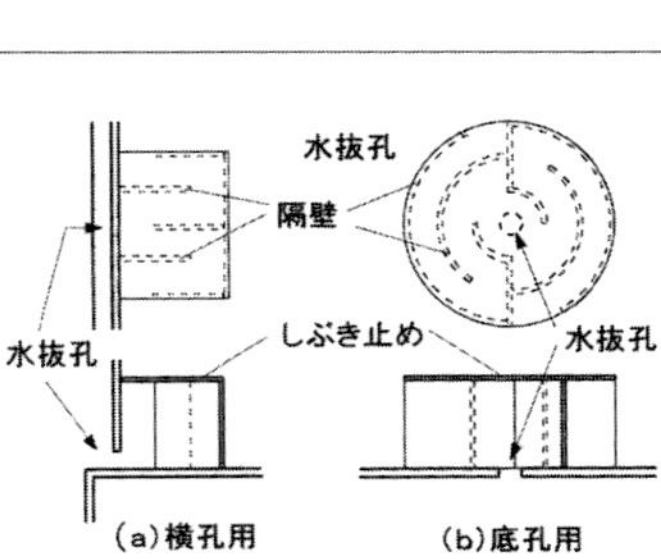

図9・16　迷路しぶき止め（性能確認試験用モデル）

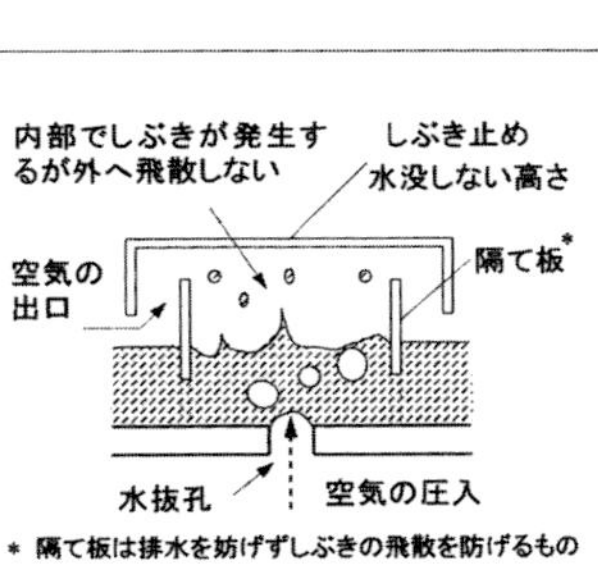

図9・15　有効なしぶき止めの概念図

技術情報 9・1　水抜き孔の排水速度・流量係数 [3]

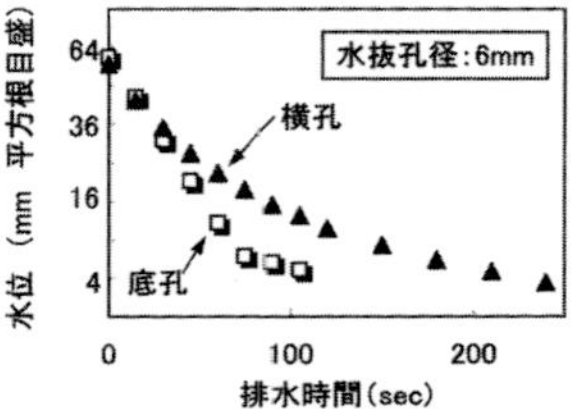

表　水抜き孔の流量係数

孔直径 (mm)	底孔	横孔
2	0.77	0.61
3	0.91	0.57
4	0.86	0.55
6	0.84	0.60
8	0.83	0.46
10	0.80	0.33

ただし、横孔の値は(水位＞2.5×孔径)の範囲について適用

底面積50×500mmの容器（上面開放）内の水を底孔、または横孔（いずれも円孔）から排出させ、水位 h と排水時間の関係を検討した。

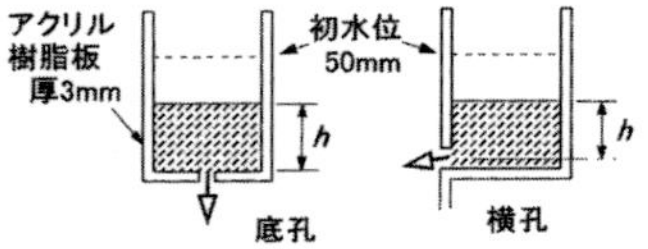

底孔では水位の平方根が排水時間と比例し、排水速度が一定であることを示す。横孔では水位が低下するにつれて水位低下が遅くなり、比例関係が認められなくなる。表は図の排水速度曲線の比例部分の傾きから逆算した流量係数 c の値。

技術情報 9・2　気密空間からの排水 [4]

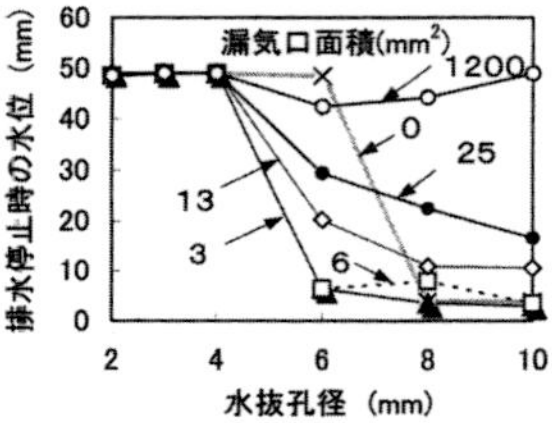

気密度が調整できるようにした密閉排水空間に外部から差圧 ΔP=490Paを作用させた状態で初水位50mm相当の注水を行い、排水状況を検討した実験での排水停止時の水位。

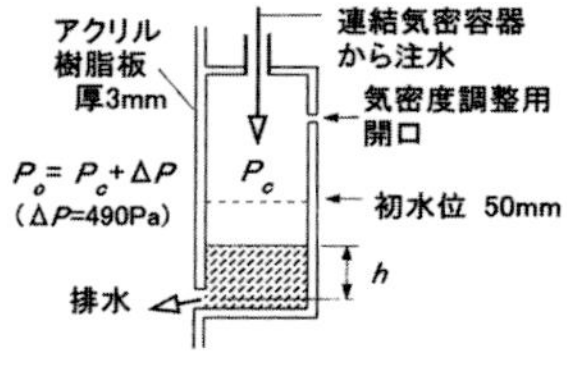

水位50mmの位置水頭は圧力差490Paに等しい。理論上は排水されないはずであるが、水抜き孔径が6mm以上で、排水空間からの漏気が少ない条件では排出が進行する。ただし、このとき、水と入れ替わりに気泡が圧入されるため、しぶきが発生する。P_cは初期値より上昇し、定常値となったとき、排水が停止する。

技術情報 9・3 流下水の突起部での飛散 7章［8］

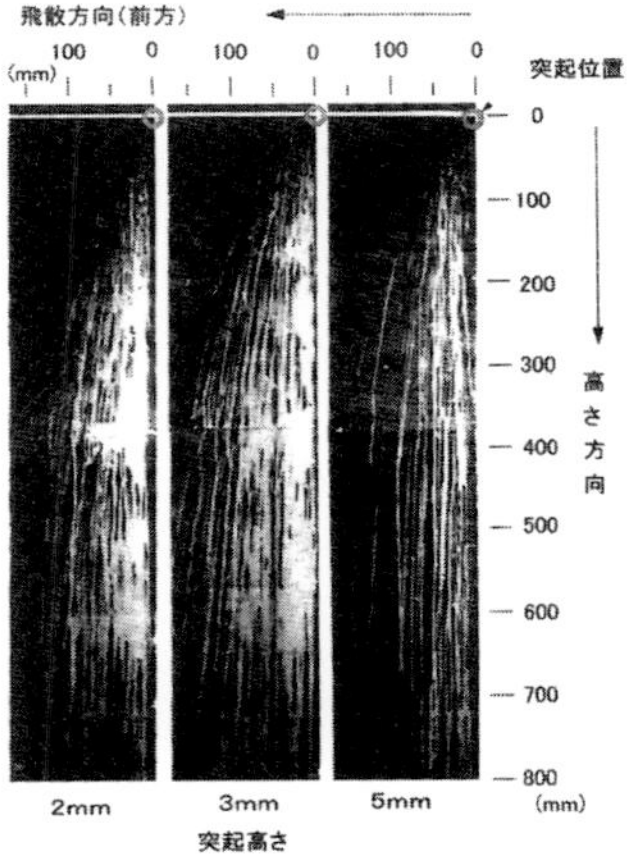

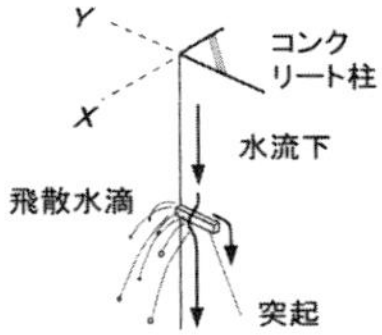

コンクリート柱の隅に突起（長さ50mm、幅5mm、高さ2～5mm）を設け、上方1mから水を流下させて、突起部から空中に飛散する水滴のX方向、Y方向における拡散範囲をジアゾ型感光紙を利用して記録した。突起から空中に飛散する水滴の到達距離は予想外に大きい。5mmよりむしろ2～3mmの方が飛散が激しい。飛散範囲は流下水量に比例して拡大する。

【参考】ジアゾ型感光紙は感光剤が水溶性のため、水滴が付着した状態で現像すると、水滴の部分が白く残る。もちろん露光はしない。濡れ跡を記録したいときに便利。

10

良い雨仕舞を実現するために

10-1

伝統に学ぶ

江戸時代の民家、とまで古くはなくても、明治から昭和初期ぐらいまでに建てられた木造家屋の外観を思い浮かべてみましょう。波のように幾重にも連なった屋根、大きく張り出した軒、開口部の上の霧除け庇、塗り壁の下部に羽重ねに張られた下見板、その取合い部に差し込まれた雨押さえ板、等が共通的な特徴として挙げられます。

現代の街中の戸建て住宅の外観は、すっかり様変わりしています。その共通点として単純な立面形態、軽快な印象を与える短い軒の出、凹凸の少ないフラットな壁面と窓、ついでにいえば素材とはあまり関係のない壁材表面のパターンなどが挙げられそうです。しかし、このような外観はセメントや金属、ガラスなどの耐水性に富んだ外装材料とシーリング材を始めとする多様な防水材料があって初めて成立していることを思い出して欲しいのです。

木材と土と紙が外装材料の主体であり、シーリング材など影も形もなかった時代の建物が風雨をしのぎ、長く耐え残るためには、外装の形態に極力雨がかりを防ぐ工夫を凝らし、その細部に、表面の水を切る工夫、隙間から入り込む水を返し、勢いを殺ぐ工夫、入り込んだ水を滞留させずに抜く工夫を織り込むことが不可欠でした。

つまり、冒頭に挙げたような伝統的な家屋の外回りの構造や形態は、雨仕舞の基本手法がそのまま形に表れたものといえます。そこで古い建物、それも風雪に耐えて生き残った建物の外回りの形態や各部の構造は、雨仕舞のお手本そのものだということができます。本書の中でもいくつかその具体的な例を紹介してきました。

しかし、時代は移り、建築材料や構法システムは大きく変化しています。建築を取り巻くさまざまな環境も同じではありません。伝統的建築の形態や納まり詳細を設計に取り込むことは不可能な場合が多く、また、それらの成立条件を忘れて形態だけを真似することが思わぬ失敗につながる恐れもあります。

伝統に学ぶとは、形態や納まりそのものではなく、そこに用いられている雨仕舞の基本手法を原理に立ち帰って理解し、現代の材料構法に合わせて応用することと言えます。雨仕舞に関する本を書く場合、部位ごとに標準的な納まり例を示して解説を加えるのが常識的なスタイルかもしれません。しかし、雨仕舞に本当に役立つものにしたいと考えた本書では上記のような観点から、建物各部の雨仕舞構法に共通する雨水の運動と制御に関わる原理と手法を軸に内容を構成しました。

10-2

経験を生かす

1章で、建築の歴史は雨漏りの歴史でもあると書きました。人は経験から多くのことを学べるはずです。もし、人類が全く同じ形式の建物だけを繰り返し造り続けていたとしたら、雨漏りという言葉はおそらく死語になっていたことでしょう。しかし、建築主の建物に対する要求は変化し続けます。設計者はつねに新しい表現と可能性を追求してやみません。真偽のほどは分かりませんが、わが国の建築界で最も権威があるとされている、ある作品賞の歴代受賞作では、軒並み雨漏りが起きているといううわさを聞いたことがあります。近代建築は累々たる雨漏りの墓標の上に成立したといっても過言ではないかもしれません。

一方、造り手側においても、建材メーカーは休むことなく新製品、新工法を提案します。それに伴って現場の作業内容、職種に変化が起きます。そのたびに経験則はご破算になり、雨漏りが繰り返されます。

図10・1　雨水の浸入による構造部材の劣化が生じやすい部位［1］

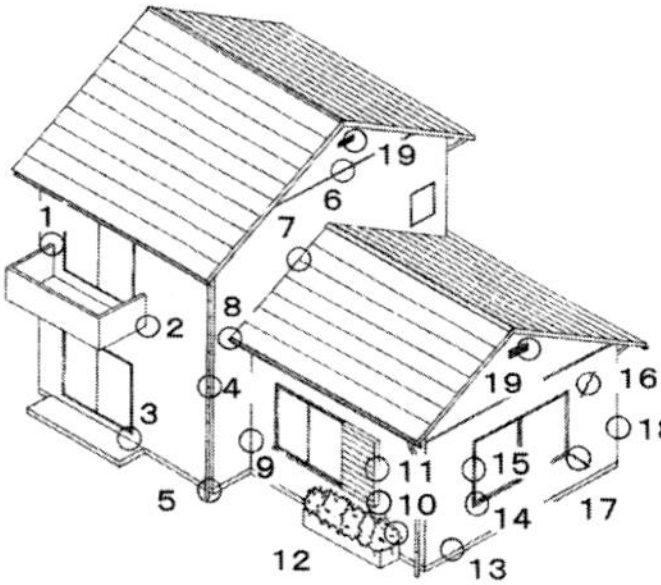

1. バルコニー手すり取り付け部
2. バルコニー取り付け部
3. テラスと基礎の取り合い部
4. 縦樋の取付け金物埋め込み部
5. 縦樋の下部
6. はり型等の見切り部
7. 屋根と壁の取り合い部
8. 軒と壁の取り合い部
9. 入り隅部分
10. 戸袋の取り付け部
11. 戸袋と壁の取り合い部
12. 壁に接した植栽や花壇のある部分
13. 壁の下部と基礎の取り合い部
14. 開口部の水切り端部
15. 開口部たて枠周辺部
16. 外壁の亀裂部分
17. 開口部周辺の亀裂部分
18. 出隅部分
19. 換気口

とはいえ、基本的に同じ構造形式によって多数建設される建物、たとえば戸建て木造住宅では、雨水の浸入による不具合がある程度高い頻度で発生する箇所、納まり形態がおおよそ明らかになっています。図10・1[1]はこれらの箇所を示した一例です。設計や工事に際して、これらのチェックポイントのそれぞれについて納まりの確認をすることは決して無駄ではありません。

経験を生かす上で障害になっているのが、雨漏り事故の原因究明によって得られるはずの貴重な情報が関係者の内部にとどまり、表に出てこないことです。その根底には雨をしのぐことが建物造りの最低目標であり、それさえ実現できないことが明るみに出れば信用失墜につながってしまうという認識があります。そのために折角重要な情報が闇に葬り去られてゆきます。

最近、失敗学という学問領域が提案され、学会が設立されたとのことです。技術の進歩のためには過失の情報を共有し、生かしていくことは重要です。現実問題として個人、企業単位での情報公開は難しそうです。建築外装に関わる学会組織、各団体が雨漏り事故のデータベース構築を積極的に進めていく必要があると考えます。

10-3

フェイル・セーフ（故障しても安全な）設計

建物は長く使い続けるものです。新築時の材料物性は永久に保持されるものではなく、長い間には何らかの劣化、損傷、変形が必ず起きます。また、設計が施工で具体化されるプロセスにも不具合に結びつく無数の要因がひそんでいます。どんなに念入りに検討された納まりでも、その機能が常に１００％発揮されると考えるのは楽観的に過ぎます。

あらゆる設計に通じることですが、システムの信頼性を向上させるためには、並列のサブシステムを複数用意し、何らかの原因であるサブシステムの機能が失われても、別のサブシステムが確実にバックアップして大きなトラブルにならないようにしておくことが有効です。

谷樋や内樋にドレンがゴミなどで詰まることを想定してオーバーフロー管を

設けるのはそのよい例です。我が国で実質的に初の超高層ビルとして建てられたビルのカーテンウォールでは、当時、先例のない超高層ビルの外壁の目地設計にあたって、外部シールからの浸水に備えて内部に二次シールを設け、中間で浸入した水を集めて排出する、排水機構付き二重シール方式が採用されました。現在のシーリング目地と比べて、当時はシーリング材の種類が異なり、目地幅が小さめに設計されたこともあり、、建設後7年目と10年目に行われた損耗調査で目地のシールに全般的にシール切れや剥離が発生していることが明らかになりました。[2][3] しかし、そのような状況でもこのカーテンウォールは30年目に大規模な外装の改修が行われるまで厳しい風雨の作用からビルの機能を守り続け、現在も機能し続けています。その陰にはバックアップシステムとしての二重シール方式と排水機構の働きがあったことは、防水材料、防水設計にたずさわる技術者の意見が一致するところです。

瓦葺き屋根などに用いる下葺きもこの種のバックアップシステムと見なされることがありますが、上部の屋根葺き材に特に支障がない状態でも発生する浸水を前提にしている点で、むしろ直列のシステムであり、その材料と構法は、屋根葺き材の水密性能と両者の組合せ・留め付け構法に対して適切なものでなければなりません。具体的には屋根葺き材から浸入が予想される量の雨水を野地以下の下地に伝えず、速やかに排出・乾燥させることができる止水性と雨水処理性を備えることが必要です。

本書で取り上げてきた雨仕舞の基本手法は、どれも水を止める決定的な手段ではありません。しかし、これらを並列的に、互いを補完し合うバックアップシステムとして組み合わせて用いることにより、不具合に至らしめない信頼性は必ず向上するはずです。建築物を造るひとつひとつの技術はハイテクとはいいがたいものですが、ひとつの建物を造り上げるために使われる部品の種類と数、情報量など、システムとしての複雑さは、航空機の生産に匹敵するといわれます。音や熱の漏れと異なり、雨漏りは一カ所、一滴でも不具合になります。言い古された表現ですが、念には念を入れることが雨仕舞の原点ではないでしょうか。

参考文献

2

[1] 石川：モルタル・コンクリート外壁の水密性の評価方法、日本建築学会論文報告集、第二三七号、一九七五

[2] 神山、石川：モルタル・コンクリートの吸水速度について、日本建築学会大会講演梗概集、一九七〇

[3] 石川、釘宮：一面より吸水を行うコンクリート内部の水分の分布状態について、日本建築学会大会講演梗概集、一九七一

[4] 気象庁ホームページ：雨の強さと降り方　http://www.kishou.go.jp/know/yoho/rain.html

[5] 文部省国立天文台編：理科年表二〇〇一、丸善

[6] 川畑：水文気象学、地人書館、一九六三

[7] 太田正次著、雨(コロナシリーズ7)、コロナ社、一九五九

[8] Lacy. R. E.："Climate and Building in Britain", B. R. E. Report, 1977

[9] 石川：外壁におよぼす降雨負荷について(上)、防水ジャーナル、一九七三年一一月号

[10] Holmgren O.：Snow Loads, Driving Rain and Building Design, CIB Colloquium on Teaching Teachers on Building Climatology, 1972

[11] 日本建築学会屋根工事小委員会編：勾配屋根の材料・構法・性能、日本建築学会、一九七七

[12] 石川：高層建築物壁面近傍の雨滴の挙動について、東海大学工学部紀要、二三巻2号、一九八三

[13] Ishikawa H.：Driving Rain Impaction on a High-Rise Building, Proc. of the Faculty of Engineering, Tokai Univ., Vol. 14, 1988

[14] Lacy. R. E.：Driving Rain Maps and the Onslaught of Rain on Buildings, RILEM/CIB Symp. on Moisture Problems in Buildings, Helsinki, 1965

[15] 日本建築学会編：建築設計資料集成　1　環境　一八二頁　風を伴う雨の頻度、丸善、一九七八

[16] 村上、茅野、佐藤：降雨を伴う風速の再現期待値、日本建築学会計画系論文報告集、第四三四号、一九九二

[17] Ishikawa　H.：A method for Evaluating Rain Tightness of Pitched Roofs Covered with Clay Tiles, Asbestos Cement Shingles.and Other Similar Materials, 2nd. Intl. Symp. on Roofs and Roofing, Brighton,　1981

3

[1] 石川：屋根面上の雨水の流下性状に関する基礎的研究、東海大学紀要工学部、三七巻2号、一九九七
[2] 松下：雨仕舞法の理論、工学図書出版、一九四八
[3] 石川：モルタル・コンクリート壁体の亀裂からの漏水について（第2報）亀裂の形状による漏水量の変動、日本建築学会大会講演梗概集、一九七七
[4] 石川：モルタル・コンクリート壁体の亀裂からの漏水について、日本建築学会大会講演梗概集、一九七六
[5] 石川：建築物の外壁における雨水浸透とその防止に関する研究、早稲田大学学位論文、第3章、一九七五

4

[1] 宇賀神、石川：建築物外壁の防水負荷および劣化環境としての雨がかり度の評価に関する研究、日本建築学会大会講演梗概集、二〇〇二
[2] Blocken, B, Carmeliet, J, Hens, H.：Numerical Estimation of Transient Driving Rain Loads on Building Envelopes and Full-scale Experimental Verification. Proc of the First International Symp. on Wind and Structures for the 21st Century, Cheju, Korea, 2000
[3] 石川：外壁面の汚れ性状に関する調査—降雨による壁面の濡れ条件の評価のための基礎的研究—日本建築学会大会講演梗概集、一九七五
[4] Ishikawa H.：Extent of Shelter Provided by Projections on External Walls from Driving Rain, RILEM/ASTM/CIB Symp. on Evaluation of the Performance of External Vertical Surfaces of Buildings, Helsinki, 1977
[5] 石川：降雨による濡れ範囲の算定について、日本建築学会関東支部研究発表会、一九七二年度
[6] 今井、山口、山本：外壁面の雨がかり負荷の評価方法、東海大学建築学科卒業研究、二〇〇二年度
[7] Garden G. K.：Rain Penetration and its Control, Canadian Building Digest CBD 40, 1963
[8] (財)日本住宅・木材技術センター：森林資源有効活用促進調査事業報告書—木造住宅のメンテナンスマニュアル作成に関する調査、二〇〇〇

[9] 石川、宇賀神：軒先から滴下する雨水による壁面足元部の跳ね返り雨量の評価、日本建築学会大会講演梗概集、二〇〇二
[10] 橋本、石川：地表面の跳ね返り雨水による外壁面足元部の濡れに関する実験的研究、日本建築学会大会講演梗概集、二〇〇二

5

[1] （財）日本住宅・木材技術センター：木造住宅の耐久設計と維持管理・劣化診断―漏水、腐朽、蟻害・虫害対策のために二〇〇二
[2] 田村、神山、石川：外壁、庇等に設けられる水切りの実験的研究、日本建築学会関東支部研究報告、一九六六年度
[3] 田村、神山、石川：外壁、庇等に設けられる水切りの実験的研究（2）、日本建築学会関東支部研究報告、一九六六年度
[4] 石川：実用水切り部材の水切り性能の測定、日本建築学会大会講演梗概集、一九九七
[5] 石川：水切りから滴下する水による壁面の濡れ性状に関する実験、日本建築学会大会講演梗概集、一九九五

6

[1] 神山、石川、石井：金属質外壁の水平接合部間隙における雨水の透過機構について、日本建築学会関東支部研究報告、一九七〇年度
[2] 神山、石川、石井：金属質外壁の水平接合部間隙における雨水の透過機構について（2）、日本建築学会関東支部研究報告、一九七〇年度
[3] 西村、石川：外壁の雨押さえ納まり部の防水設計のための基礎的実験、日本建築学会大会講演梗概集、一九九一
[4] 石川：壁体間隙部内の気流に伴う雨水の透過性状について、日本建築学会関東支部研究報告、一九八六年度
[5] Lewicki B.："Building with Large Prefabricates",Elsevier, 1966
[6] 石川：外装材表面に設ける斜め溝形水返しの効果について、日本建築学会大会講演梗概集、一九九九
[7] 石川：外壁パネル表面へのパターン付加による縦目地部の防水負荷軽減効果について、日本建築学会大会梗概集、二〇〇〇
[8] 横井、石川：斜め溝形水返しを裏面に設けた薄肉外装仕上げ材接合部の防水性に関する基礎的実験、日本建築学会大会講演梗概集、二〇〇一

[9] 横井、石川：濡れ性状差を利用した水返しの性能に関する実験、日本建築学会大会講演梗概集、二〇〇二
[10] 特開2001-173190(2001.6.16)「水の流下方向制御性を有する建築用構造部材および建築用外壁構造体」出願人：学校法人東海大学、発明人：石川廣三
[11] 石川：移動式散水・送風口を有する壁体の水密試験装置の試作について、日本建築学会大会講演梗概集、一九八一
[12] 石川：壁体の接合部間隙における雨滴の浸入性状とその評価方法、日本建築学会関東支部研究報告、一九八五年度
[13] 石川：縦目地隅角の面取りが目地内への浸水におよぼす影響、日本建築学会大会講演梗概集、一九九〇
[14] Ishikawa H.：Variability of Performance of Open Drained Joints under Different Driving Rain Tests.,日本建築学会構造系論文報告集、第三九七号、一九八九

7

[1] 石川：壁体間隙部内の気流に伴う雨水の透過性状について、日本建築学会関東支部研究報告、一九八六年度
[2] 石川：壁体間隙部内の気流に伴う雨水の透過性状について（その2）、日本建築学会関東支部研究報告、一九八七年度
[3] 安立：タテ型防水ルーバーの開発（防水性・通気性・遮音性試験結果の報告）、日本建築学会大会講演梗概集、一九八六
[4] 山田：屋根葺き材の防水機構に関する研究、東海大学修士論文、一九八七年度
[5] Building Research Establishment："Principles of Modern Building", H. M. S. O., 1977
[6] Isaksen T.："Driving Rain and Joints, Testing of Model Joints between Elements", Norweigian Building Reseach Institute, 1972
[7] 石川：外壁およびその接合部の雨水浸入防止設計に関する基礎的研究―壁体中空層の圧力平衡による雨水浸入防止について（その1）、日本建築学会関東支部研究報告、一九七八年度
[8] 石川：建築物の外壁における雨水浸透とその防止に関する研究、早稲田大学学位論文、第4章、一九七五
[9] 西村、石川：等圧原理の応用による乾式外装材の防水性向上に関する研究、日本建築学会関東支部研究報告　一九九二年度
[10] 石川：等圧原理の応用による乾式外装材の防水性向上に関する研究（第2報）、日本建築学会大会講演梗概集、一九九四
[11] ドアン・ヴェト・グアン、石川：等圧原理の応用による乾式外装材の防水性向上に関する研究（第3報）、日本建築学会大会講演梗概集、一九九七

[12] 石川：等圧原理の応用による乾式外装材の防水性向上に関する研究（第4報）、日本建築学会大会講演梗概集、一九九八
[13] Ishikawa H.：A Study on Improving Weather-Tightness of Siding Finishes for External Walls by Pressure Equalized Design Utilizing Hollow Section Furrings, Proc. of School of Engineering, Tokai. Univ., vol.24, 1999

8

[1] 小池、田中(享)、橋田、田中(正)：棒状繊維材料を用いた勾配屋根の防水性能―ガラス棒を用いた場合、日本建築学会大会講演梗概集、一九八五
[2] 植松、田中、須田：途中に上がり勾配のある棒状材料の棒間を用いた排水システムの排水の可能性、日本建築学会大会講演梗概集、二〇〇〇
[3] 太田、田中、橋田、小池：棒状繊維材料を用いた勾配屋根の防雨におよぼす支持の影響、日本建築学会大会講演梗概集、一九九二
[4] 石川：草葺き屋根層内部の雨水の浸透特性に関する実験、日本建築学会大会講演梗概集、二〇〇一
[5] 石川：屋根葺き材の防水機構に関する研究、日本建築学会大会講演梗概集、一九八五
[6] 石川：棒状材料による葺き屋根の防水性について、日本建築学会大会講演梗概集、一九八六
[7] 石川、山田：棒状材料による葺き屋根の防水性について（その2）、日本建築学会大会講演梗概集、一九八六
[8] 石川、山田：棒状材料による葺き屋根の防水性について（その3）、日本建築学会大会講演梗概集、一九八六

9

[1] Mckay W. B.："Building Construction Vol. 1-2", Longman, 1980
[2] A. I. A.："Architectural Graphic Standards 6th. Ed.", John Wiley and Sons, Inc., 1970
[3] 石川：「建築物の外壁における雨水浸透とその防止に関する研究」、早稲田大学学位論文、第5章、一九七五
[4] 石川：水抜き孔からの排水機構に関する実験、日本建築学会大会講演梗概集、一九七二
[5] 日本建築学会材料施工委員会：建築工事標準仕様書 JASS 14 カーテンウォール工事、2.12 結露防止性能、一九九六

[6] 石川：水抜き孔の排水機構におよぼす水抜きパイプおよびバッフルプレートの効果、日本建築学会関東支部研究報告、一九七六年度

10

[1] （財）日本住宅・木材技術センター：木造住宅耐久性向上の手引き、丸善、一九八三
[2] 小西、高瀬、大塚、伊藤：超高層建築におけるカーテンウォールの損耗調査（その3：シーリング材の損耗についての分析および考察）、日本建築学会大会講演梗概集、一九七五
[3] 内田、坂本、加藤、小西、高瀬：高層ビルにおけるカーテンウォールの耐久性に関する研究—損耗の傾向と分析、日本建築学会大会講演梗概集、一九七七

あとがき

年齢を重ねたせいか、最近、色々なかたちで建築をめぐる紛争の解決のお手伝いをする機会が増えました。その中で感じていることは、造り手、使い手の立場を問わず、いかに多くの人々が雨にまつわる建物のトラブルで悩み、その防止や原因解明に役立つ適切な情報がないために苦しんでいるかということです。本書は、できるだけ多くの人々が、雨と賢く付き合うための知恵を共有することで、少しでもこうした悩みや苦しみを味わずに済むようにという願いで書きました。

書き終えた今、盛り込んだ内容と伝え方がその目的に対して十分なものか、自信はありませんが、全力を尽くしたという満足感が残っています。

本書の構想を練り始めたのは、十五年以上も前のことです。何回も目次を書き直しましたが今までまとまりませんでした。こんなに時間がかかった理由は、結局自分にそれだけの蓄積がなかったことに尽きますが、もう一つには個々に完結した研究成果の蓄積を体系的な記述に再構築する筋書きづくりに手間取ったことがあります。

最終的に本書の骨子になったのは、ここ数年の間、建築実務家からの要望に応じて何回か講師を務めた、雨仕舞の原理と応用を体系的にわかりやすく解説するセミナーのために作ったテキストです。その意味では、本書は雨仕舞についての基本的な情報を切実に求める読者自身が作ったともいえます。

本書には、筆者の雨仕舞に関する基礎研究の成果のほとんどが入っています。学会の報文を手書き原稿で提出していた三十年前の報告も内容の中核をなしていますが、雨の特性や水の挙動のように、時代によって変わることのない問題についての基本的な情報は決して古くなることはないと信じています。

もとより、これらすべての研究の知見は、筆者の研究室で雨仕舞という共通のテーマに関心をもち、実験や調査、議論を共にした大勢のOB（そして少しのOG）の皆さんの協力なくしてはありえなかったものです。その一人一人に深い感謝の念を表すとともに、このようなかたちで公にする喜びを分かち合いたいと思います。

また、本書をまとめるには、筆者と同じく雨と建築について関心をもつ多くの研究者の方々の有用な知見が不可欠でした。そのうち一部を本文および技術情報に転載あるいは引用させていただきました。ここに記して敬意と謝意を表します。

解説と技術情報はもっと充実したものにしたかったのですが、紙数の関係で本文との関係で特に興味深いと思われるものと既発表の文献に入っていない内容に限定し、その他は割愛せざるを得ませんでした。これらについては必要に応じて原文献を参照していただきたいと思います。また、等圧設計は筆者が特に関心を持った研究分野ですが、他の雨仕舞手法とのバランス上、基礎概念と応用面に関する記述にとどめました。詳細については別の公表の機会を待ちたいと考えています。

最後に長年にわたって本書の完成までを変わらぬ愛情と敬意、そして忍耐をもって見守り続けてくれた筆者の家族に感謝と共に本書を捧げます。

著者紹介

石川　廣三（いしかわ　ひろぞう）

1942年　東京生まれ。

1964年　早稲田大学建築学科卒業、同大大学院を経て1969年より東海大学で教職に就く（建築材料および構法担当）。

1975年　工学博士、1981年より東海大学教授、1982年より１年間英国Sheffield大学客員教授。2007年に東海大学を定年退職。

現　在　東海大学名誉教授

主な研究領域は屋根および外壁の防雨、耐久設計。
日本建築学会材料施工委員会・屋根工事小委員会ほか諸委員会主査、国土交通省中央建設工事紛争審査会委員、東京地裁民事調停委員を歴任。2007年日本建築学会賞（論文）受賞。現在は、住宅の防雨・耐久に関わる諸団体の調査研究に関与。

著書：屋根と壁の構法システム（共著、建築技術）、構造の世界（訳書、丸善）Ｑ＆Ａ 雨仕舞のはなし（彰国社）ほか。

雨仕舞のしくみ　基本と応用

2004年5月10日　第1版 発　行
2021年11月10日　第1版 第9刷

著作権者との協定により検印省略

著　者　石　川　廣　三
発行者　下　出　雅　徳
発行所　株式会社　彰　国　社

自然科学書協会会員
工学書協会会員

162-0067 東京都新宿区富久町8-21
電話 03-3359-3231（大代表）
振替口座　00160-2-173401

Printed in Japan

印刷：康印刷　製本：中尾製本

ISBN 4-395-00757-0 C3052　https://www.shokokusha.co.jp